JN082294

RITSUZEN
重力を使う!
立禅パワー
最強のバランス力を生む、
トライポッド・メソッド
太氣至誠拳法武禅会代表
松井欧時朗
POWER
BAB JAPAN

はじめに

筋力ではない、重力だ。

スポーツや格闘技に必要な「力」は筋力ではない、重力だ。それはバランスであり、地面とつながる力である。

同じボクサーが同じスピード、距離、角度で殴ったとしても、得られる衝撃力はフォームによって全く異なる。またハードパンチャーとそうでない人の違いは何だろうか。パワーやスピードか、前に踏み込む勇気か。

相撲の力士たち。彼らの力の根源が、筋力と体重にあることに疑いはない。だが、必ずしも大きく力が強い力士が勝つとは限らない。小兵の力士が筋力にも体重にも勝る相手を投げ飛ばすとき、何が起こっているのか。

パンチと押し合い。これらには共通点がある。それは、両足裏の2点と拳や胸など身体のどこか1点、計3点（かそれ以上）が、自分以外の外部と接触しているということだ。3点が外部と接触した状態で、体勢を維持し力を発揮すること。それはバランス力の発現に他ならない。

バランスというと、サーフィンや綱渡りのように足下が不安定な場所で体勢を維持する能力と思われるが、サッカーなどで激しく身体を押されながらもプレイを続けるのも、またバランス力の発現だ。

筋力は、バランスが整った体勢、身体構造を維持するのに必要な二義的なものであり、それ自体が求めている「力」すなわち「相手への影響力」ではないのだ。そして陸上でのスポーツにおいては、足下が揺れている状況よりも、他者からの負荷が加わった状況で安定する種のバランス力のほうが求められることが多いだろう。

このような、両足裏の2点ともう1点、計3点が外部と接触する状況で、バランスを維持し体重を力に変換する方法が本書の主題、トライポッド・メソッドだ。このメソッドは、伝統的な武術・気功の練功法である「立禅」に由来する。この力は生来、誰もが持っており、新たに身につける必要はない。ただ気づけばいいのだ。

太氣至誠拳法武禅会　松井欧時朗

CONTENTS

第1章

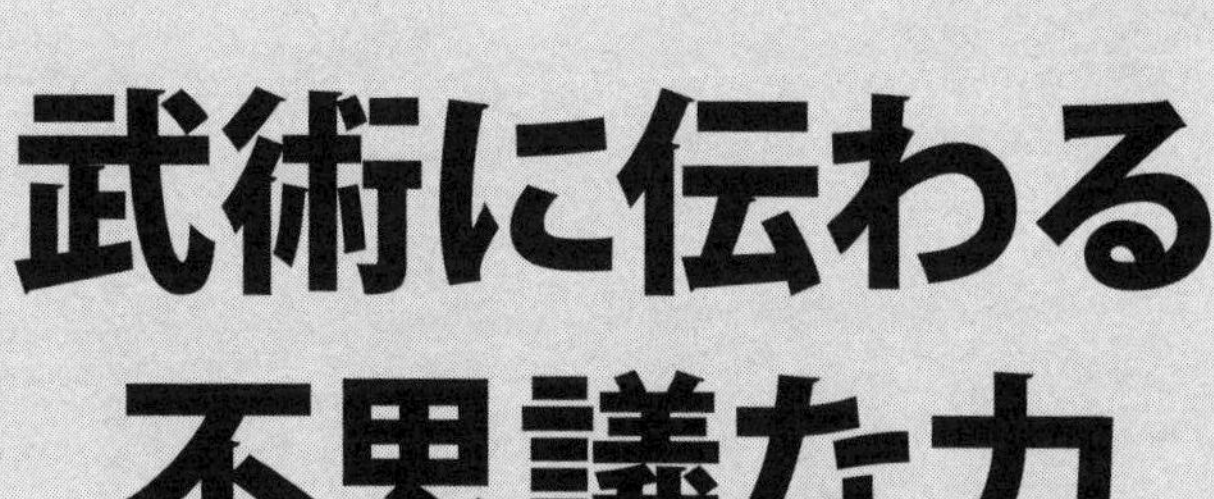

筋力ではない力

立禅という稽古法が太氣至誠拳法（通称：太気拳）に伝わっている。ボールを抱くように胸の前に腕を上げ、ひたすら立つのだ。しばらくすると腕の中にはボールの弾力、頭には上から吊るされた感覚が生じる。身体が引き絞られるような力、水の中にいるような抵抗感もある。このような身体感覚が「気感」と表現されることもある。

立禅は古来から中国に伝わる気功の一つでもあり、かの地では站椿（日本語読みでは「たんとう」）という。気功に由来するものであるから、気を練ること、心身の健康を増進させることがそもそもの目的といってもいい。

この「気の力」は身体の衰えと直接的な関係はないという。年老いた達人が筋骨隆々の若者を手玉に取ることのできる、筋力ではない力。感覚的、抽象的な言葉と、師が弟子に直接手を触れることによって次世代に伝えられてきた感覚だ。

太気拳の創始者である澤井健一やその師、意拳の王向斎。彼らには触れた相手を軽々

立禅とは、気功や中国武術でいう「站椿」
であり、筋力を超えた圧倒的な力を養う！

と吹き飛ばしたという逸話がいくつもある。澤井の直弟子であり私の師である島田道男もそのような力を備え、触れた相手をいとも簡単に制してしまう場面を何度も見てきた。

私が太気拳に出会ってから、20年以上が経った。現在は、師より拝命した太氣至誠拳法武禅会を主宰し、札幌で会員と共に修行に励んでいる。しかし実のところ、つい数年前まではどうすれば先人のような力が身につくのか皆目見当がつかなかった。

太気拳に限らず様々な流派の先達に触れて、説明のつかない力を感じることはあった。しかしそれが何なのか、同じものなのか、稽古で身につくものなのか。

伝統的な武術に取り組んだ20年間を、筋トレをし、サンドバッグを叩く近代的なトレーニングに費やしたほうが強くなっていたのではないか？　無駄な年月を過ごしたのではないか？　そんな疑問を絶えず持ち続けていた。年齢を重ねても衰えることがない力、気の力、そんなものがあるのだろうか？　そしてそれが体得できるのか？　太気拳を修行しつつも悩みはつきなかった。

禅僧との出会い

ある日、刀禅の小用茂夫先生から、流水拳の山本貢先生を紹介いただいた。流水拳は楢崎健夫先生が創始した、張家太極拳をベースとする内家拳系の武術だ。山本先生はその三代目宗家である。

そんな方が私の札幌の自宅から10分ほどのところにお住まいだったのだ。こんな幸運は逃せないと、定期的に稽古をつけていただくようになった。流水拳をはじめ太極拳など様々な武道を修行された山本先生の技はいわゆる内家拳を実戦的に練られたもので、多くの学びをいただいた（内家拳とは太極拳、八卦掌、形意拳の三拳を表し、意・気を重視する。少なからず自流を高級とするような意が含まれることから、必ずしも適切な用語ではないとも聞くが、本書では差別的な意図なく使用したい）。

その稽古の合間に山本先生の武道遍歴を伺っていると、しばしばある禅僧の名前が出てくる。曰く、その禅僧に触れると「ドーン！」と吹き飛ばされてしまうそうだ。

人間を吹き飛ばすことなどできるのだろうか？　しかしその禅僧の名前に聞き覚えがあったので調べてみたところ、はたして隠れた武術の達人と噂される人物だった。

情報によると名だたる武術家がその禅僧を師と仰ぎ、その力を常人離れしたものと評している。本当にそんな達人がいるのだろうか？　現代にそんな達人がいるのであれば、会わずにはいられない。

そこで、山本先生にその禅僧の所在を教えていただいた。山本先生も住所はご存知だったが、この時代にスマホどころか固定電話も持っていないらしい。道場を開いているわけでもない。仕方がない、手紙だ。これまでの人生で会ったこともない人に手紙を書いたことなどない。だがそんなことは言っていられない。この現代にも武術の達人が世に隠れて存在しているのだ。

お会いして武術をご指導いただきたい、という旨をしたためた。しかし、ひと月待てど返信はない。だがそんなことではあきらめきれない。非礼を承知で押しかけることにした。住所をグーグルマップで調べてみると、人里離れた山奥。こんなところに本当に住んでいるのか？と思ったが、行くしかない。

意を決して、ある暑い夏の日曜日、山奥のお宅に伺った。すると幸いにも禅僧はご在宅であった。突然の来訪の非礼をお詫びし、簡単に自己紹介したところ、先に出した手紙は読んでいただいており、部屋に通してくださった。数十年お住まいというそのお宅は、昨日越してきたばかりのようにスッキリとし、チリ一つない清浄な空間、まさに禅寺のようだ。

禅僧は80歳にならんとする作務衣姿の小柄な老人であった。眠っているような静かな佇まいだ。とても武術の達人には見えないが、だからこそ本当の達人のようでもある。「得体の知れない、底の見えない人だな」というのが初対面の印象だ。若い頃、数年をかけて北海道を托鉢でくまなく歩いたそうで、当時の写真を拝見しながら、いろいろなお話を伺った。

しばらくお話を伺ったのち、あらためて武術を教えていただきたい、と来訪の理由を伝えたところ、「武術は人を傷つけるもの、そんなものは不要だ」とにべもない返事。それでも諦めきれず再三お願いしたところ、「今日は大雨の予報だったのに晴天に恵まれた。たまたま私も在宅だった。これも何かの縁かもしれん」と庭に出るように言ってくださったのだ（この数日間、台風で大雨だったのだ。北海道からの飛行機も私の乗る前の便はキャンセルになるような荒天だった）。

座敷に座っていたときには気がつかなかったのだが、若い頃の怪我で足を悪くされたそうで、靴を履くのも大変なようだ。そんな方に武術の指導をしていただくのが悪いような、そして大丈夫かな、というような申し訳ない気分になったのを覚えている。庭に出て、禅僧が私の50センチほど前に立った。そして「私を押してみなさい」と言うので押してみる。ビクともしない。相手が老人だから手加減をしたのだ。

再度、少し力を加えて押してみる。それでも動く気配もない。これはひょっとして本気で押しても大丈夫か、とグイッと全力で押してみた。するとなぜかこちらがポーンと後ろに跳ね飛ばされてしまったのだ。

訳がわからない。足の悪い小柄な老人を押すことができないばかりか、吹き飛ばされてしまったのだ。硬いものを押した感じではない。弾力のあるボールに跳ね返されてしまったようだ。何が起こったのかわからない。再度試してみたが同じように後ろに跳ね飛ばされてしまう。

禅僧曰く**「身体が空気の満ちたタイヤのようになればいいんですわ」「相手に押されたところが地面になればいいんです。そしたら相手は私ではなく地面を相手にしているんです」**。この弾力と強さ。確かにそんな感触だ。

そして、いくつかの稽古方法を教えていただいたのだが、それらの動きが太気拳と非常に似ているのだ。何よりも禅僧の武術の基本が立禅なのである。太気拳で最も重視する稽古もまた立禅である。不思議な縁を感じずにはいられない。

禅僧に流派の名を聞くと一言、「知らん」。山中の洞窟に住む老師と数年間起居を共にしてこの術を教わったのだが、その師は自分の名も拳法の名前も最後まで教えなかったというのだ。しかし私にとっては流派などどうでもいい。禅僧の力を目の当たりにし、この力を得たい、と切望した。そして懇願して、その日から通わせていただくこととなったのだ。

ゴムまりの力の発見

札幌に帰り、教わった稽古を繰り返してみる。流派が異なれば真逆の教えがあったりするものだが、幸い太気拳の動きと非常に似ている。おそらく禅僧の武術は、内家拳の流れを汲むものなのだろう。そのためこっちを稽古すればあっちが下手になる、という感覚はない。

例えば太気拳の稽古では、腕を身体の前でぐるぐると回しながら、直線上を前後に歩む。一方で禅僧の教えでは、同じような腕の動きで円周上を回る。直線上と円周上という違いはあれど、腕の動きや腰の構えなどはほとんど同じなのだ。

禅僧は私が歩を進めるたびに身体のいろいろな箇所を押して、フラフラしないか確認をする。言葉による教えは少ないが、このような行為を通して、禅僧の教えが一貫して「身体が空気の満ちたタイヤのように」「相手に押されたところが地面のように」なればいい、ということなのが伝わってくる。

武術の稽古で養った力を内功や功夫というが、その**内功と呼ばれる力の一つに「ボールのような力」がある**。身体が空気の満ちたボールのように弾力を持つらしいのだ。禅僧に触れた感覚はまさに空気の満ちたボールを押すようであった。おそらくはこの力に触れたのだ。

ヒントは教えを受けた2、3のシンプルな稽古方法と、実際に触れた感覚だけ。それらを頼りに試行錯誤を重ね、数ヶ月が過ぎたある夜、一人、立禅をしながらこんなことを探っていた。

武術では、力は足から出るという。パンチを打つときも足が肝心だ。禅僧も「自分に触れた相手が、地面を相手にしているようになればいい」といった。だけど禅僧は足が悪く、歩行もままならない。足は使ってないはず…。ん？　地面を相手にする？　あ！　足を使っているけれど使っていないのか！

立禅の力、武術の力の一端が自分の中で明確になった瞬間だ。**それは確かに筋力で**

はない力だ。身体が、自然が、本来持つ力であった。誰もが持っている力であり、物理的に説明がつく再現性のある力だ。これは不思議な力でも何でもない。合理的な力だったのだ。

あとはこの力の再現性を高める稽古をするだけだ。力の仕組みがわかれば、禅僧が示してくれた稽古方法全てが、それを目指して作られているのがよくわかる。学問においては書物で先人の知識は伝達されるが、武術では稽古法そのものが、先人の気づきを伝達する手段であり、気づきそれ自体なのだ。

禅僧の「身体がタイヤのようになればいい」という雲をつかむような言葉も決してはぐらかしているわけではなく、その通りだったことが明快になった。禅僧はその力を「空気の満ちたタイヤ」と表現するが、私は自分の感覚を通して「ゴムまりの力」と表現しようと思う。

第2章

トライポッド・メソッドとは？

フォームと筋力以前に重要なこと

格闘技やスポーツの競技力を向上させるためには、「その競技に最適なフォーム（型）の習得」「その競技に必要な基礎体力（瞬発力、持久力等）の向上」「実戦ノウハウの習得」、これらをバランスよく取り入れることが必要だ。

格闘技であれば、突き、蹴り、投げ技、関節技、それぞれの型や使い方を学ぶ。それに加えて腕立て伏せ、ベンチプレスやスクワット、ランニングなど基礎体力向上のためのトレーニングを取り入れることだろう。そしてそれらを基礎として、試合形式の実戦練習をするのが一般的だ。

しかし、**フォームが「正しい」ことや基礎体力に優れていることが必ずしも競技力と直結しない**ことを感じたことはないだろうか。それどころか、基本で学ぶフォームが試合ではその通りに使えない、ということさえある。伝統的な突き蹴りを基本稽古では学び、試合では試合用のパンチの打ち方をする、というように。

「力＝フォーム×基礎体力」と考えるのが上述の練習体系だ。競技力の場合は「フォーム×基礎体力×実戦ノウハウ」だろうが、本書は「力」に焦点を合わせているので、競技別の戦略等については言及しない。

この体系では思うように競技力が伸びないとき、「彼は力は強いけれども、パンチが大振りすぎる」（フォームの問題）、「フォームはいいけれども脚の力が弱い」（基礎体力の問題）、「彼は試合運びに慣れていない」（実戦ノウハウの問題）、「彼は闘争心に欠けるから前に出られない」（果ては精神論）というような分析がなされる。そして、それでも理由がわからなければ「彼はセンスがない」となってしまう。

これは人の動きを基礎体力（パワー、スピード）、フォーム、経験、精神…と細かく分析・分解するアプローチだ。だが**人間という複雑系においては、部分の総和が全体を表すとは限らない**。

このようなトレーニング方法には、欠落しているものがあるように思う。それは**基礎体力とフォームを結ぶ何か**、である。筋力とフォームの関係性といってもいい。

例えば、重い（強い）ストレートパンチを打つ、という目的がある（試合では強いパンチを打つのは手段だ。的確な箇所に当て、相手を倒し、試合に勝つのが目的だ。手段の目的化をしてはならないが、練習においては手段が目的となりうる。理性によって分析するとき、現象はマトリョーシカ人形のような入れ子構造になる)。

きれいなストレートパンチを打つには、脇を絞り、拳はこう、ここの筋肉を締めて……、とそれぞれの流派に伝わるフォーム、型がある。そしてそのフォームが同じであれば、筋力があるほうが強いストレートパンチが打てる、おおよそこのような理論で考察を進めていくだろう。

これは一見正しいように思えるのだが、同じフォームで同じ筋力、体重だったとしても、同じように重いパンチが打てるとは限らない。なぜなら人間の身体は２００以上の関節があり、また体型も違いがあり、そもそも同じフォームを作ることが無理だからだ。

つまり、**普遍的に「正しい」フォームというのは存在しない**。正しいフォームを身につけよう、というのは「だいたい正しい」フォームという程度のことでしかない。そして「だいたい正しい」フォームを身につけたあとは、選手やコーチの才能任せだった。**才能のある選手は「だいたい正しい」フォームを「自分にあった、実戦的な、使える」フォームに昇華させるが、才能がなければそれまでだ。**

では「だいたい正しい」フォームと「実戦的な」フォームの違いは何だろうか。それは**そのフォームが適切な力を発揮できるか**どうか、だろう。フォームは手段であって目的ではないのだ。目的は適切な力を発揮する（そして試合に勝つ）ことである。

これはフォーム（型）はどうでもいい、ということではない。フォーム（型）は大切な羅針盤だ。その競技（武術では戦い）を通じて、先人たちが最も力を発揮できると考えた動きがフォームだ。フォームは先人たちの知恵と思想、工夫の結晶である。その何世代にもわたる積み重ねに、凡人が一人で思いついた我流のフォームが勝つことは難しい。

我々は巨人の肩に乗ればよいのだ。巨人の肩に乗って、結果、巨人よりも遠くを見ればよい。まずはフォーム（型）を身につけ、それを自分に合わせていくのだ。本書では**伝統的なフォームを自分に合った形にするために、才能のみに頼らない、新たなツールを提供したい。**

「力＝フォーム × 基礎体力」という式を使うとすれば、この「×（かける）」の部分に本書は注目する。フォームと基礎体力を結ぶ部分に着目するのだ。

技術書では「脇を締め、ここを外旋させ、云々…すれば強いパンチが打てる」と身体の要求を細やかに教えてくれ、その競技に適した筋トレ方法も紹介してくれるだろう。これは正しいフォームと筋力があれば強い力が出せる、という論法だ。

本書は逆の提案をしたい。

「まず力を知る。すると身体は適切なフォームを導き出す」

目的は力を対象に発揮することであって、きれいなフォームや基礎体力ではないからだ。

強いパンチを打つにはどうすればいいのだろうか？　それには、パンチが当たる1点に体重が乗ればいいのだ。

そしてパンチに体重を乗せるためには適切なフォームと基礎体力が必要だが、もう一つ、それを地面とつなぐ「バランス」が必要なのだ。**フォームと基礎体力を結ぶ「×（かける）」の部分とは「地面とつながるバランス」のことだ。**

氷上で強いパンチを打つのは難しい。わずかな重心のズレで転んでしまう。氷上では「だいたい正しい」フォームで動くことはできない。自分なりにバランスが取れたフォームに微調整をする必要があるだろう。

フォーム、筋力…と分解するだけの練習では、このつなぎ目、もしくは最大のベースともいえる「地面とつながるバランス」が軽視されてしまう。

人の動きは複雑だ。二本の足で立って移動できることだけでも、考えてみればすごいことだ。両足の裏側という極めて狭い面積で、身長1〜2メートルの細長い物体が立って自由に移動できるのだから。

格闘技、スポーツのみならず、人間の動きのベースとなるのはバランス、地面とのつながりなのだ。

バランスが固定的なフォームや筋力だけでは説明がつかないことは、目をつむって片足で立てばよくわかる。そのときに必要なのは、正しい立ち方や筋力ではなく、それらが統合されたバランス力だ。

フォーム（型）や基礎体力に必要以上にこだわるのは、人間の繊細なシステムをぶつ切りにして論じるようなものである。

禅僧が教えてくれた**ゴムまりの力は、バランス力、地面とつながる力**なのだ。だからこの力を磨けば、パンチ力、キック力も向上するし、球技でボールを飛ばす力も増大させることができるはずだ。

トライポッド・メソッドの誕生

本書のメインテーマである「ゴムまりの力」は、武術の秘伝であり、重要な基礎の一つといえるだろう。

それは誰もが潜在的に持っており、日常生活のあらゆる場面で使われているバランス力の一形態だ。自転車に乗る、スキーで滑る、そんなときに体感されるものが、形を変えて現れたものである。普通に歩行しているときでさえ、意識することなく使われている。だから、習得にかかる期間や熟練度に差はあれど、誰でも体感し、使えるようになる。

ただ「ゴムまりの力」に類する力を稽古する武術諸流派においても、この力をバランス力という観点から説明することは少なかったように思う。そこで、この**「ゴムまりの力」を人間に本来備わるバランス力の一形態と定義し、誰もが習得できるエクササイズとして体系化したものが、トライポッド・メソッドだ。**

トライポッドとは、カメラ等の三脚を意味する。三脚は3点で接地しているから安定する。人間は立っているとき、左右両足底の2点で接地している。誰かに押されたときには、押された接触部分と両足底、合わせて3点で外部と接触し圧力を受けていることになる。この状況で安定し続け、力を生み出す方法なので、トライポッド・メソッドと命名した。

次章から、このメソッドの三つの原則といくつかのエクササイズを紹介する。このメソッドの目的は、ゴムまりの力の獲得の1点のみ。三つの原則といくつかのエクササイズは、全てこのゴムまりの力の体得を目指すものだ。

トライポッド・メソッドポッドと命名をしてはいるが、ゴムまりの力、三つの原則、エクササイズのいずれも、伝統的な武術の教えに含まれているものの一部を解釈し、現代の言葉で表現したものだ。このメソッドを通じて深淵なる武術の世界の一端を紹介できれば、これほどうれしいことはない。

このメソッドをまとめあげ、まずは太気拳武禅会の会員に試してもらった。すると、ほとんどの人が1回の稽古で、初歩の感覚を体得できたのだ。

また、筆者が講師を務めるNHK文化センターの講座で、武術経験の全くない女性や高齢者にも試してもらったが、こちらでも同様の成果をあげることができた。実演ではなく紙面での解説という制約はあるものの、本書でも同様のご理解をいただけることと思う。

トライポッド・メソッドで体得する「ゴムまりの力」は、人間誰しもが本来持つバランス力の一形態だ。だから体得するのに期間は直接関係がない。自転車に乗る練習と同じだ。自転車に乗れるようになるのに1ヶ月かかる人もいれば、1時間でコツをつかむ人もいるだろう。

トライポッド・メソッドで感覚を得るといきなり強くなる。自転車に乗れない人が乗れるようになったとき、身体に何ら違いはない。しかし乗れるか乗れないか、の明確な変化がある。それと同じだ。

ベンチプレスで50キロしか挙げられない人が１００キロを挙げられるようになるときのような**肉体自体の変化やトレーニング期間は、トライポッド・メソッドには基本的には不要**である。

誰かに押されて耐える力、逆に相手を押す力、パンチ力、キック力、ゴルフや野球の長打力。これらの根底には誰もが持つバランス力、すなわち**「地面とつながる力」**が働いている。「筋力」はそれ自体が相手や自分に力を与えているのではなく、人間という構造物がバランスを維持して立っているのに必要な一要素にすぎないのだ。

例えばパンチは、地面からの反発があってはじめて対象に力が伝わる。宇宙空間に浮かんでパンチを打ったとしたら、力は大きく減衰するだろう。バランスよく立つこ

サーフィンなどでは、足元が不安定な状況でのバランス力が求められる。

とが、地面の反力を対象に伝えることが、腰の回転、ハンドスピードといった身体の動きのベースになるのだ。

これまでバランスという言葉を使ってきた。バランスというと、片足立ちや自転車、サーフィンのように足元が不安定なところで体勢を維持するときに必要な力として認識される場面が多い。

しかし、身体を誰かに押される状況もバランスが大いに必要な場面だ。サッカー選手が相手

サッカーなどでは、誰かと接触した状況でのバランス力が必要だ。トライポッド・メソッドは、このような状況におけるバランス力向上に特化する。

に当たられながらもプレーするとき、そんなバランス力を感じられるだろう。

サーフィンや綱渡りでは、地面が揺れることで体が不安定になる。一方、誰かに押されるときは、その接触面からの圧力で身体が不安定になる。**トライポッド・メソッドは、外部からの圧力に対してのバランス力を高めることに特化した体系**なのだ。格闘技や接触プレーのあるスポーツで必要なバランス力は、足下が不安定な場所でのバランス力ではなく、誰かに押されたときに体勢を維持するバランス力だ。

武術において「ゴムまりの力」に類する力を教わることがあるが、それをバランス力と関連づけて語られることは少なかった。しかし武術に伝えられる「ゴムまりの力」も、「バランス力」の一形態であるととらえると、不思議な力、長期間の修行によってのみ得られる力ではなく、短期間で再現可能な力であることが明らかになる。

まとめるとこのようになる。

▼トライポッド・メソッドの目的、得られるもの

ゴムまりの力
＝身体のどこかを押されたときに耐える力、押し返す力
＝バランス力
＝地面とつながる力

トライポッド・メソッドでゴムまりの力を体得すると、具体的には以下のような力が向上する。

●球技で、タックルを受けたときに負けずに体勢を維持し、プレーし続けることができる。
●格闘技で、相手の圧力に崩されることなく構えを維持することができる。
●相手の力を利用して、相手の体勢を崩すことができる。
●パンチ力、キック力が向上する。
●ゴルフや野球などで、飛距離が伸びる。

トライポッド・メソッドの3原則

それでは、トライポッド・メソッドの核となる3原則を紹介しよう。

▼トライポッド・メソッドの原則①「もたれてもたれず」

これがトライポッド・メソッドの核となる力を生み出す。**トライポッド・メソッドで体得する力、利用する力は、筋力ではない。では何かといえば、重さ、すなわち体重である。**自分の重さ自体が対象に伝わる力となるのだ。

そして自分の重さを対象に伝えるには、対象との接触部分にもたれればよいのである。大人にもたれかかられたとしたら、相当重いことは想像に難くない。泥酔した人を支えるのは一苦労だ。

しかし、ただ相手にもたれてしまったのでは、その相手が力を抜いたときにバラン

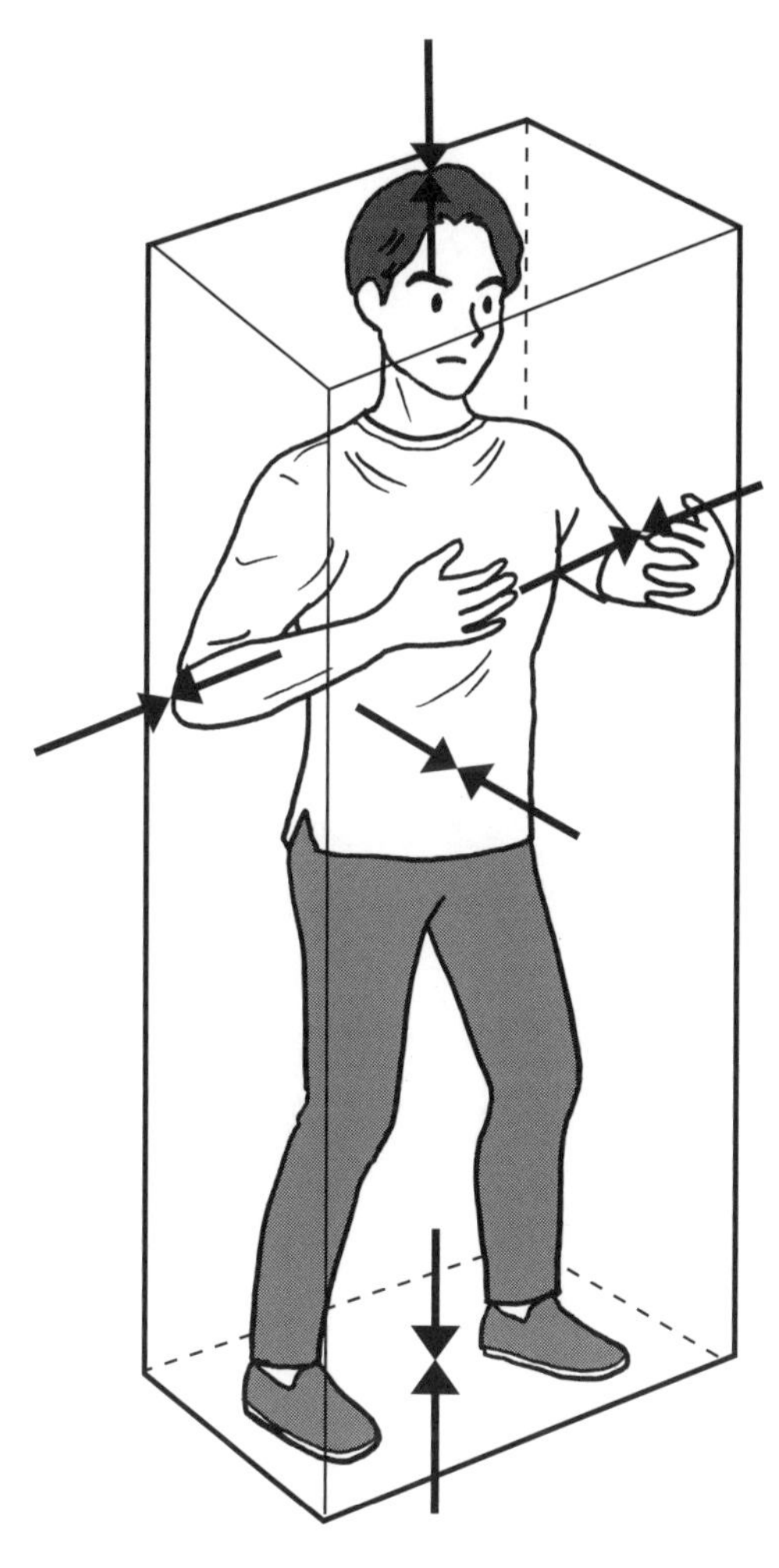

上下・前後・左右、全方向へ同時にもたれる。
すると、重心は真下に落ちて安定する。

スを崩し倒れてしまう。そこで、相手にもたれながらももたれない。これは、**前にいる相手にもたれながら、後ろにも同程度にもたれるという感覚**だ。

これはまた、**全方向にもたれるという感覚でもある**。全方向にもたれたとき、結果として**重心は真下に落ちる**ことになる。どこかを押されながらも、それに関係なく重力を感じて鉛直下に落ち続ける、という表現もできる。

身体のどこを接触させてもたれるかにもよるが、全方向にもたれると、結果として体軸は地面に対して垂直を維持したままになることが多い。しかし重要なのは軸がまっすぐか、姿勢がよいか、というようなことではなく、前の対象と後ろ側に均等にもたれ、結果として**重心が真下に落ちて安定している**か、ということだ。

ではなぜ、トライポッド・メソッド第一の原則が「重心を真下に落とす」ではなく「もたれてもたれず」なのかというと、「重心を真下に落とす」という表現では体重を任意の場所（相手と接触している腕や体幹各部など）に乗せるイメージがつかみづらいからだ。

「重さが乗ったパンチ」という表現がある。では、どのように重さを乗せるのか？

どういう状態であれば重さが乗ったといえるのだろうか？　単純にパンチに重さを乗せようとすると、身体が前のめりになって体勢が崩れてしまう。ゲームセンターのパンチングマシンで最大パンチ力を計測するためであればそれでいいのかもしれないが、そのようなパンチは連打もできず、使い物にならない。

だが「もたれてもたれず」「全方向にもたれる」が体感できれば、全身どこにでも体重を乗せながらもバランスを保つことができるようになる。前のめりになってバランスを崩すことなく、拳に体重を乗せることができる。

体重を乗せられるのは、拳や肩など身体の部位だけではない。バットやゴルフクラブとボールとの接触点に体重を乗せるのも同じ感覚だ。だからトライポッド・メソッドは、各種球技で飛距離を伸ばすためのコツでもあるのだ。

「もたれてもたれず＝全方向にもたれる＝重心を真下へ落とす」。これがトライポッド・メソッドの力の根源だ。後述する二つの原則は、この力を効率よく、できるだけ筋力に頼らずに対象との接触点に伝えるためのものだ。

▼トライポッド・メソッドの原則②「骨を通る力」

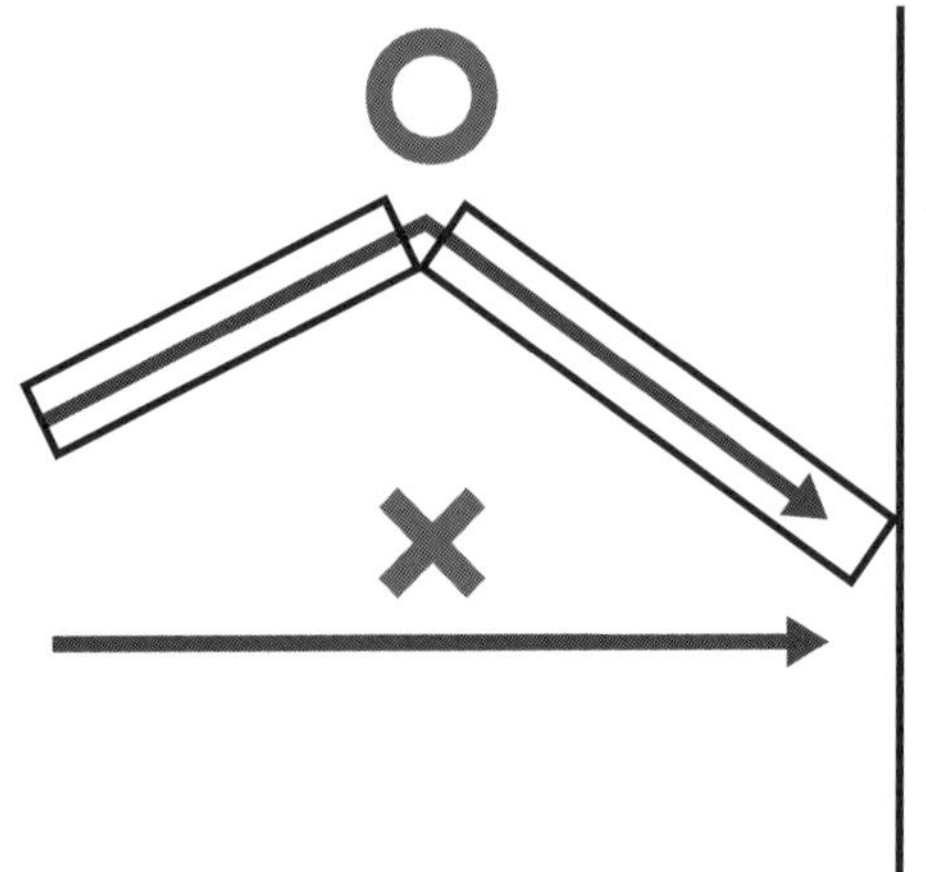

折れてかろうじてつながっている割り箸でも、
特定の角度で押せば先端まで力を通せる。

一つめの原則、「もたれてもたれず」で生み出した力（＝体重）を効率よく対象に伝えるための原則が、この「骨を通る力」だ。

実験をしてみよう。割り箸を真ん中あたりでちぎれない程度に半分に折る。木の繊維でかろうじてつながっている状態だ。その先端を何かに当てて押してみる。普通に押すと、ただ折れた部分が曲がるだけで、先端の

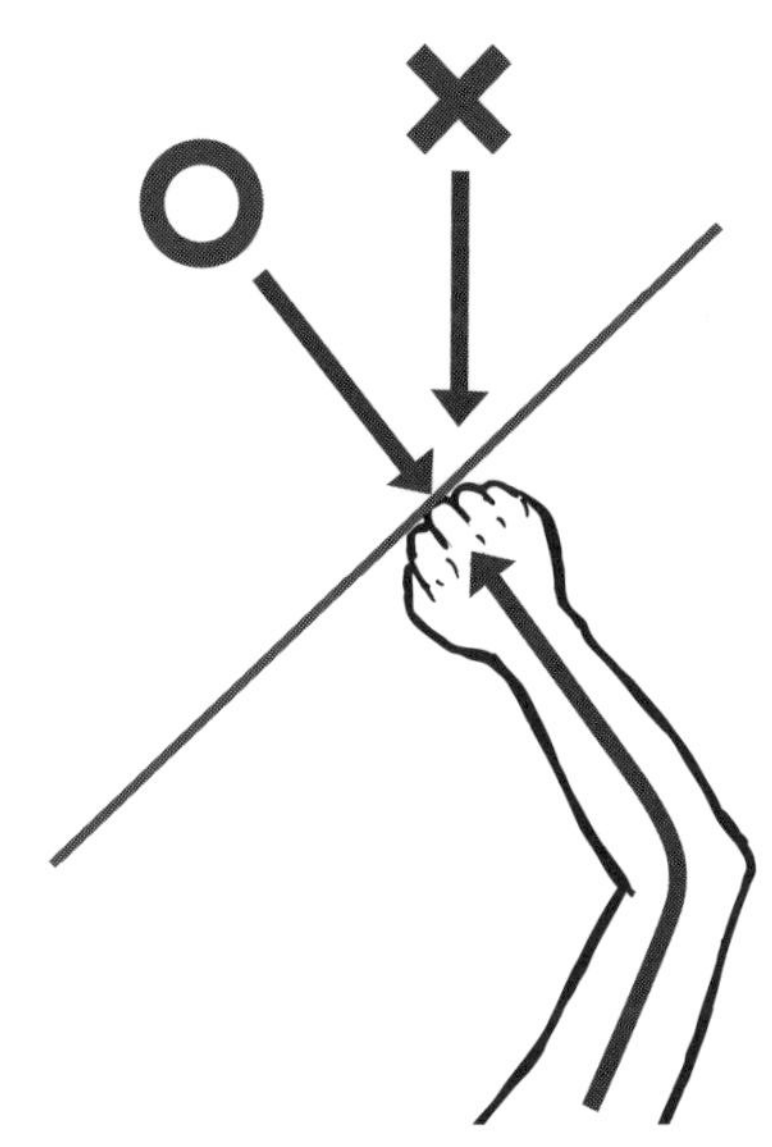

肘を曲げた状態でも、ある特定の方向にだけは
腕の筋力をほとんど使わずに力を伝達できる。

接触部に力は伝わらない。

しかし、力を入れる方向（角度）を工夫すると、折れた部分の角度が変わらずに先端まで力を伝えることができる。つまり、折れた部分で力が滞らないのだ。折れた部分に負荷が集中しないともいえる。

人間の関節の多くは肘、膝関節のようにこのような蝶番（ちょうつがい）構造か、股関節のような360度に動く構造（球関節）だ。つまり前述の折れた割り箸と似たような構造で骨同士がつながれて、人体は構成されている（もちろんもっと複雑だが、ここでは詳細な考察は省かせていただく）。

ダンベルカールの動きのように肘を動かすには、主に上腕二頭筋、上腕三頭筋の力が必要だ。だから、肘を曲げた状態で力を出すには、同様に上腕二頭筋、上腕三頭筋の力が必要と考えてしまう。しかし割り箸の実験のように、ただ肘を曲げてある角度を維持するだけであれば、**ある特定の方向（角度）にだけは、ほとんど筋力を使わずに力を伝達することができる**のだ。

このとき、一つコツがある。関節の角度は90度以上でなければならない、ということだ。割り箸を使えばわかりやすいが、90度よりも曲げてしまうと、折れた部分に負荷を与えずに押すことができなくなってしまうのだ（これもやり方がわかれば、90度未満の角度でも同様のことはできるのだが）。

腕立て伏せをしているとき、肘が90度以上だとその状態で静止してもそれほど辛くないが、肘が90度よりも曲がると、とたんに辛くなることからもこれを実感できるだろう。

太気拳の基本である立禅では、ボールを抱くように胸の前で腕を抱えているが、これはそんな適切な骨格構造も教えてくれている。

腕をまっすぐに伸ばして壁を押すと、腕は疲れない。通常**「骨を通る力」というのは、このように関節を伸ばしきったときに簡単に感じることができる。**しかし関節をまっすぐに伸ばした状態というのは、運動時においては固まってしまっており、変化に乏しく活用しづらいだろう。

余談だが、関節は伸ばしきらず、曲げきらず、が基本だ。伸ばしきった腕は縮める動きしかできず、曲げきった腕は伸ばすことしかできない。このような身体は相手に次の動きを容易に予測されてしまうというデメリットもあるのだ。

この割り箸の実験で力と角度の関係を理解すれば、関節を曲げた状態でも筋力を使わずに力を伝達できるようになる。このことは前述の腕立て伏せでの静止のように、誰もが感じ、日常生活で自然に使っていることでもあるので、あとは自流のフォームを研究し、この観点から力の出し方を考察してゆけばよいだろう。

▼トライポッド・メソッドの原則③「膨らむ力と縮む力」

一つめの原則「もたれてもたれず」で体重を力として活用できるようになる。二つめの原則「骨を通る力」によって、その力（体重）を筋力を使わずに対象に伝える感覚がつかめる。

そして三つめの原則が「膨らむ力と縮む力」である。**この原則によって、力をより強く、あらゆる方向に同時に発揮できるようになる**。

ホースをイメージしてほしい。ホースは水圧が強ければ強いほど張りが強くなり、まっすぐに伸びようとする。この水圧、ホースをまっすぐに伸ばす力が膨らむ力である。

腕をまっすぐに前に伸ばしてみる。指先が遠くどこまでも伸びてゆくイメージだ。その腕を誰かにいろいろな方向から押してもらう。するとなかなか曲がらない、動かないことが体感できるだろう。

これを指先から「気」が出ているとイメージしても同じような効果があるので、「こ

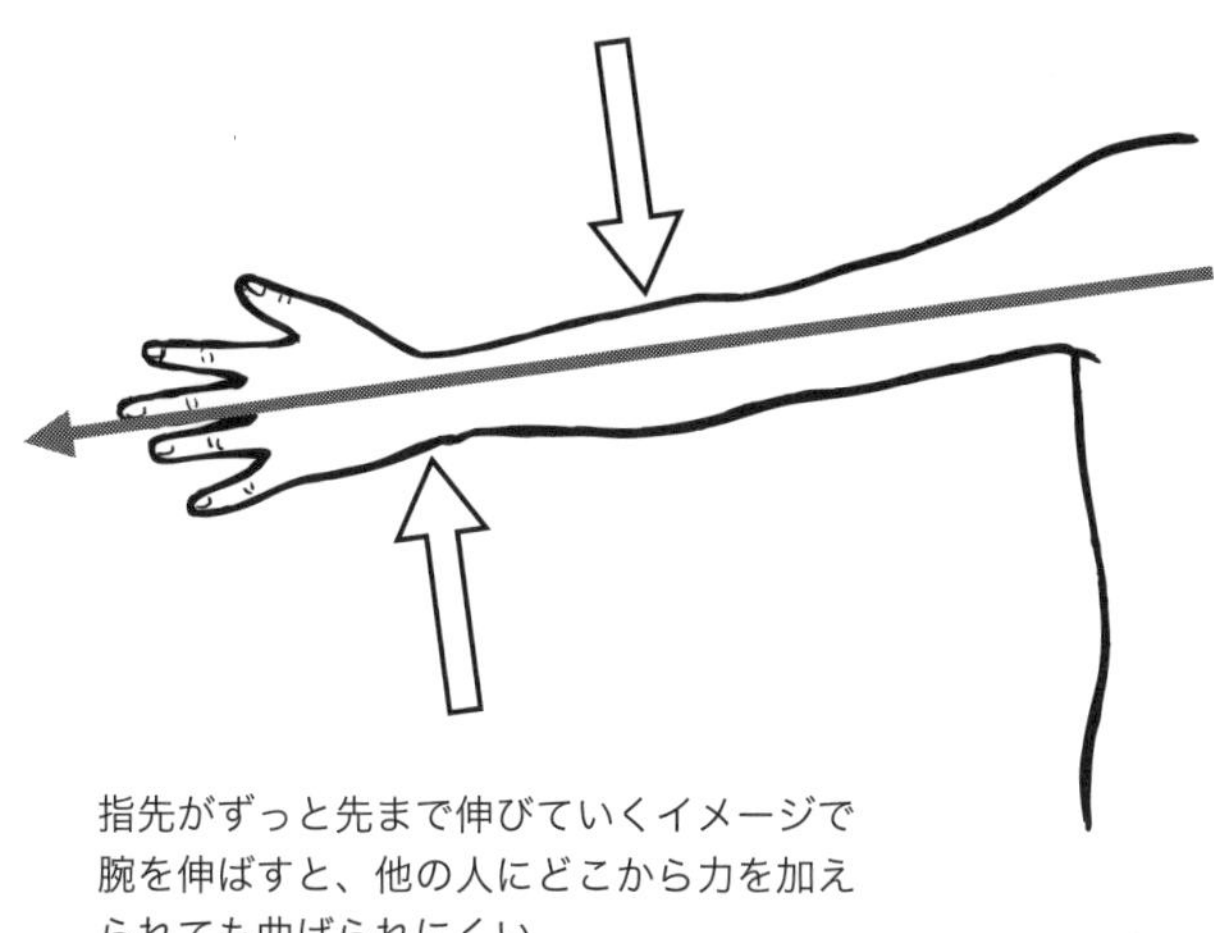

指先がずっと先まで伸びていくイメージで腕を伸ばすと、他の人にどこから力を加えられても曲げられにくい。

れが気の力だ」と説明されることがある。これは確かにそうではあるのだが、「気」の力としてしまうと誤解を招くように思う。解剖学的には身体に「気」の通り道はない。

実際のところは「気」が腕を強く動かなくしているのではなく、腕をまっすぐに伸ばそうという「意」に従って、腕の筋肉が前方向に力を出しており、その結果、消防車のホースと同じように固く、曲がらなくなったのだ。だから腕を通っているのは気ではなく筋力である、という理解のほうがわかりやすいだろう。

普通に「曲がるまい」と押される力に抵抗する場合との違いは、意識する力の方向である。**押される方向に直接抵抗するのではなく、押される方向に関係なく前方向に力を出す**ことによって、伸筋の力などが動員されやすくなるのだ。

理屈はどうであれ、この原理は力の理解に役立つ。私はこの実験を「気の力の検証」ではなく「力を出す方向の検証」と位置付けている。この実験でわかることは、「気の力のすごさ」ではなく、**腕をまっすぐに伸ばそうとすると、他の方向からの力に対しても抵抗力が生まれる**、ということだ。

もう一つ例を挙げよう。胸の前でボールを抱くように腕を上げる。立禅の形だ。すると両手の指先が向かい合う。その両手の指の間にバネをイメージし、それを押してみる。このとき補助者がいれば、実際に両手の指先を持ってもらい、両指の間を開く方向に力を加えてもらうと、よりわかりやすい。

これに抵抗して両手の指の間が縮まる方向に力を加えていると、ボールの外側（手の甲）を押された時に抵抗力が生まれ、しかも「同時に」ボールの内側（手のひら）

から押されたときにも抵抗力があることがわかる。

この感覚を身につけず手の甲を押された場合、急に手のひら側を押される（引っ張られる）と、勢いよく引っ張られてしまう。つまり**一方向からの力に抵抗しようとすると、反対方向への力が極端に失われてしまう**のだ。

この感覚は両指間のバネのイメージではなく、腕の中のボールを抱くイメージでも生むことができる。腕の中のボールが膨らんでくるのを押さえつけるようにすると、同様に内側にも外側にも力が生まれている。

これをイメージの力としてしまうと、何か妄想で強くなったような誤解を受けてしまうので重ねて述べておくが、これはイメージによって力が押された方向に直接向かうのではなく、指先方向に向かうようになったことで内側、外側の両方向に対しての力が生まれたからである。ホースの水圧が高まればどの方向から押されても強くなる、というのと同じだ。違いは力の源が水か筋力か、ということだけである。

筋力を曲げようとする方向に使うのではなく、四肢の末端方向にまっすぐに、伸びやかに出すのだ。曲げる力（屈筋）ではなく、伸びる力（伸筋）を意識的に利用するともいえよう。

わかりやすいので腕で説明をしたが、この力がより重要とされるのは、**頭頂から足裏までの上下方向**である。頭頂部を上から押さえつけられているように上方向に力を出すと、前から胸を押されても、後ろから背中を押されても抵抗力が増すことが実感される。これも鉛直軸に膨らんで(伸びて)いるからだ(同時に、縮む力も働いている)。**力に対して、それに真っ向から勝負する力は、相手に利用され崩されてしまう**。背負い投げをかけるとき、取りは受けを押し込み、受けが押されまいと前に重心をかけたときに投げに入る。これは受けが後ろに押されたことに対して前に押し返した、その力を利用したのである。これは取りに引っ張られることに対しての受け側の抵抗力がなくなったからなのだ。

このように膨らむ力(伸びる力)、縮む力を利用すれば、崩れずに押し、引くことができる。

トライポッド・メソッドを体得すると押し負けない力がつく、と表現をしてきたが、それは換言すれば、**外部から負荷を受けたときにバランスを保ち続けること**でもある。

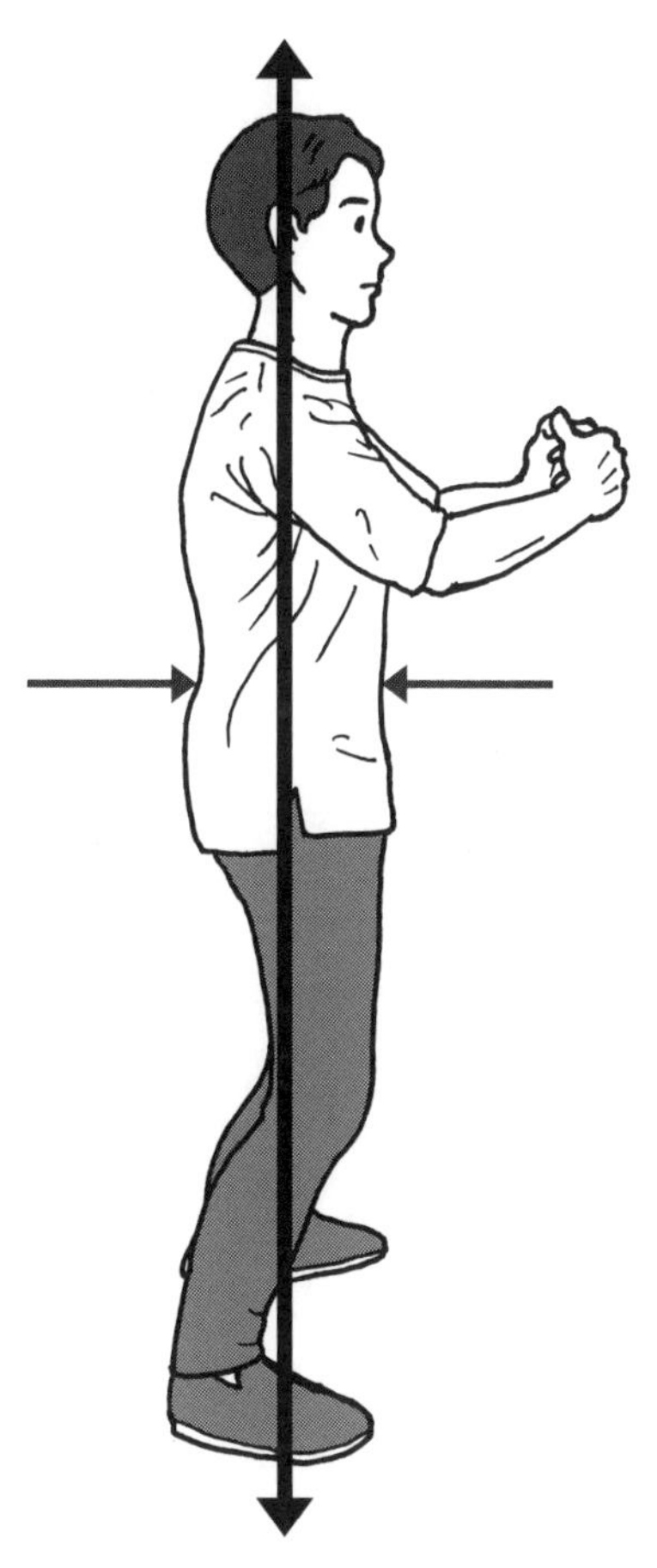

腕をホースに見立てた例と同様に、身体が上下に伸びるイメージを持つと、押されても引かれても崩されにくくなる。

第3章

トライポッド・メソッドの習得法

トライポッド・メソッドの感覚を味わう

本章では、先のトライポッド・メソッド三つの原則を体得するための具体的なエクササイズを紹介したい。**三つの原則はこれらのエクササイズから得られる感覚の一部を抽出したもので、本当に大切なのはこれらのエクササイズそのものだ。**

言語化することは伝える上で重要だが、そのためには事実を抽象化し一部分だけを切り取らざるをえない。「原則」はその最たるものだ。一番重要なフリをしているが、事実からもっとも遠いものかもしれない。ぜひエクササイズを通じて、抽象化、簡略化、客観化されたものではない、感覚そのものを味わっていただきたい。

また対人のエクササイズでは一部を除き、競争心を湧き立たせて勝敗を求めるのは効率が悪い行為だ。全てのエクササイズには目的があるので、それにフォーカスしてお互いを育み合うつもりで試してもらいたい。

トライポッド・メソッドは、太気拳を核として様々な武術から知見を得て生まれたメソッドだ。だから**三つの原則は古来より武術に伝えられていること**を抜粋したにすぎない。これから紹介するエクササイズも武術の稽古方法をベースにしているので、より深く学びたい方はぜひ武術の門（より個人的な希望を添えるならば太気拳の門）を叩いてもらいたい。

エクササイズ1「正面押し」

まずは以下の検証をしてほしい。

①頭頂部から吊られているように、前後に倒れないようまっすぐ立ち、へその下あたりで両手を組み、二人で向き合う。

②組んだ手をお互いにゆっくりと押し合ってみる。

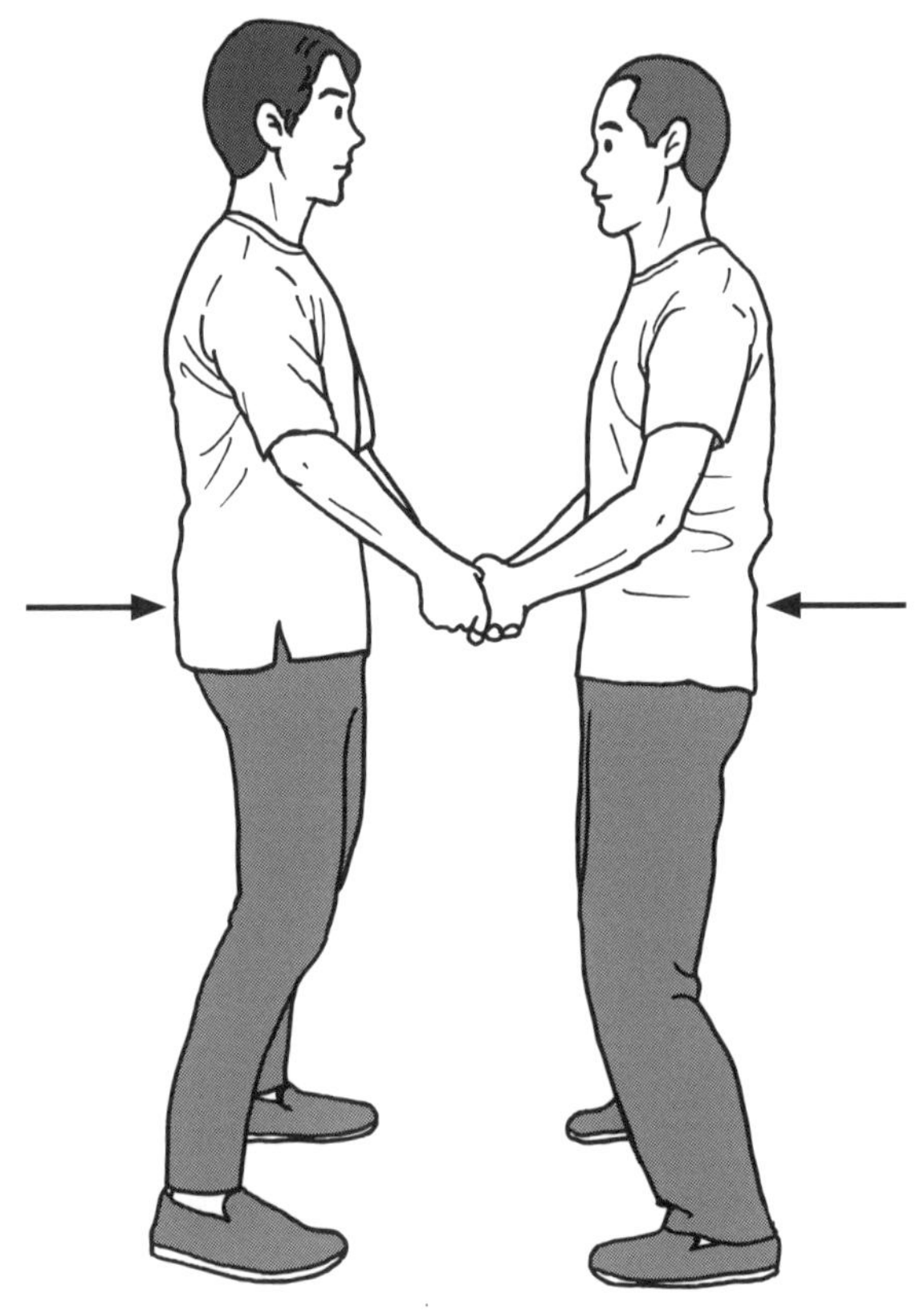

両手を組み、お互いに押し合う。この状態での安定度によって、しっかりと立てているかどうかが確認できる。

まっすぐに、しっかりと立つ、ということはあらゆるスポーツのみならず、日常生活においても基本である。しっかりと立てているかどうかは、その体勢で**押されてもグラグラせずにいられるか**、を確認すればよい。

このエクササイズをしてみると、相手からの負荷に耐えることが難しく、後ろに押し倒されてしまう人が多い（二人とも安定していない立ち方をしているとお互いに圧力をかけることができないので、その場合は一方が足を前後に開いて相手を押すといいだろう）。

ゴムまりの力を体得すると、このような押し合いをしたときに、身体に格段の安定感が生まれる。

▼ゴムまりの力の養成法

①向かい合って組んだ手を合わせ、相手にもたれかかる。補助者に支えられているが、その手を抜かれると前につんのめってしまう形だ。

②相手との接触面に体重が乗っているのを感じられるので、それを抜かないように少しずつ足を前に持っていく、または受け手側が少しずつ前に出ていく。もたれ続けていること。

③相手との接触面に体重が乗っていながらも、受け手が手を抜いても前につんのめらない体勢まで身体を起こす。

④あらためて力を検証して、押されても耐えやすくなっていることを確認する。

これがトライポッド・メソッド第一の原則「もたれてもたれず」を実際に行う手順だ。繰り返しになるが、トライポッド・メソッドで養う力の感覚とは重さ（＝体重）に他ならない。だから、まずはシンプルに相手にもたれて、それが相手を押す力になるこ

まず組んだ手を相手と合わせて、もたれかかる。相手に手を抜かれるとつんのめってしまう状態からスタート。

とを確認する（手順①）。受け手はこのようにもたれかかられると、かなりの重み（＝力）を感じるはずだ。

受け手に与える力を高めたければ、倒れ込む角度を深くして腕を上げてゆけばよい。この場合、力は高まるがバランスが崩れる方向なので、これは力＝体重、ということの確認にとどめてほしい。

このときの注意点は、身体をまっすぐにして倒れ込むということだ。特に腰を前に曲げると上半身のみの重みしか相手に伝わらず、腰を反らすと膝上までの重みしか相手に伝わらない。頭頂部から足裏までを一直線にするようにまっすぐに倒れたとき、相手に伝わる重みが最大となる（この検証からも、武道において姿勢の正しさを強調する理由がわかる）。

これで接触面に体重を乗せることができた。しかしこのままでは、相手が手を引くと前につんのめってしまう。ここからの体感を得づらい人が多いのだが、この相手へもたれた感覚を維持したまま、足を相手側に少しづつ歩ませてできるだけ直立に近い状態にする。身体が起き上がるにつれて接触面に乗る重さは減少していくが、そこに

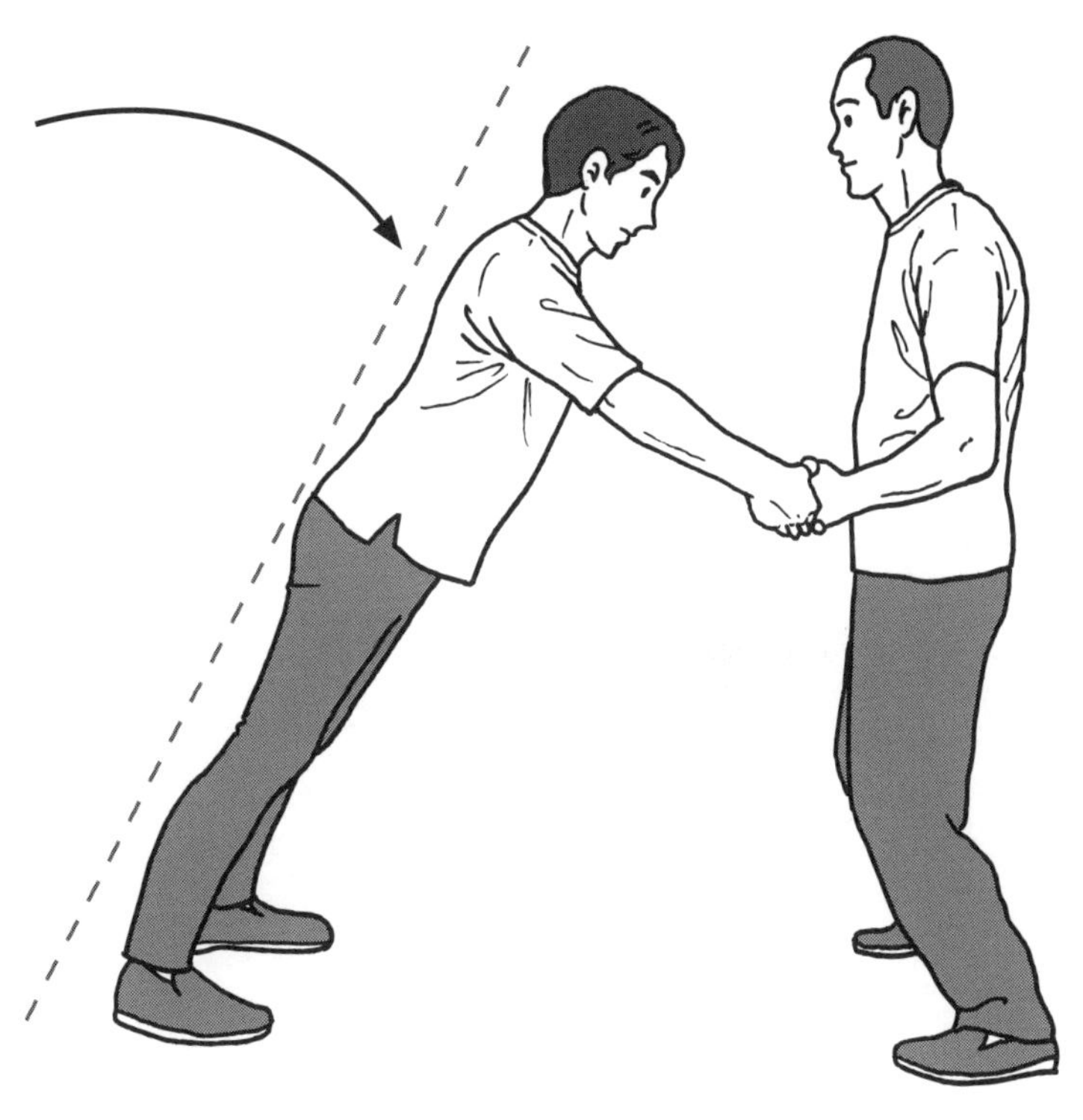

さらに体重をかけるには、倒れる角度を深くする。

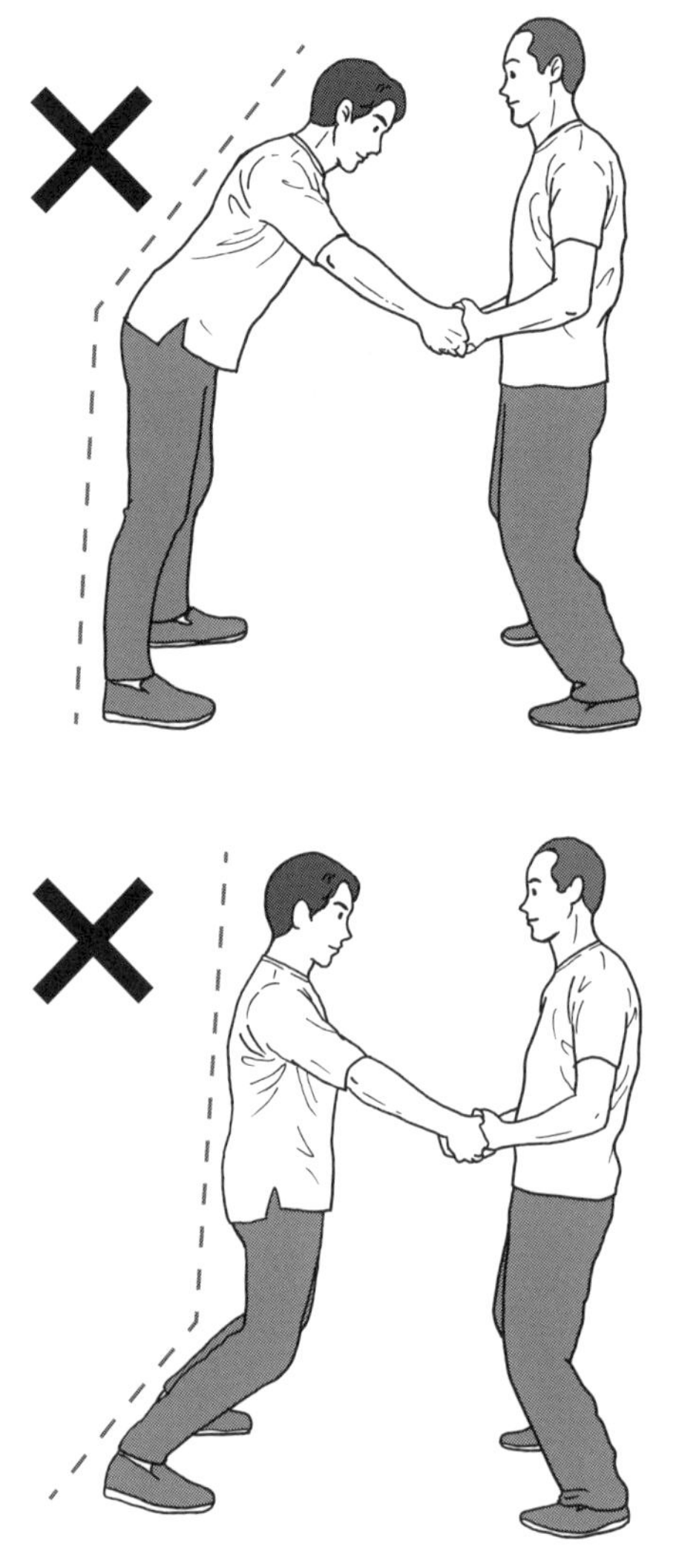

もたれかかる際、腰が曲がったり反らせたりすると、
相手に体重が伝わりにくい。

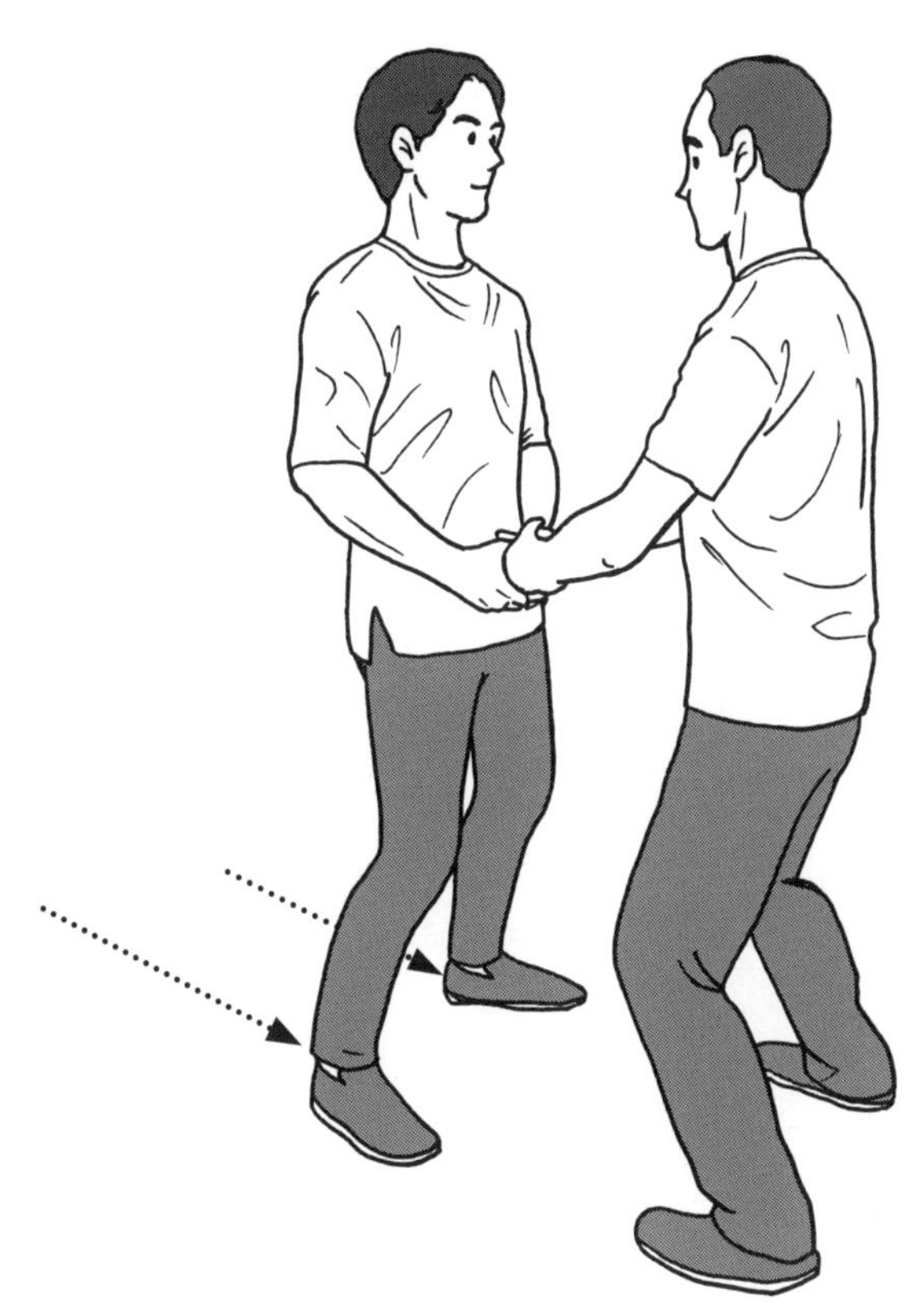

もたれかかった状態から、少しずつ足を前に進める。かかる重みは減るが、相手との接触面に「乗っている感覚」さえ維持できれていればよい。これで、押されても崩されない安定感が得られる！

乗っている感覚さえ維持できれば大丈夫だ。たえず相手の腕にもたれ続けることを維持してほしい。

そのまま足を前にもってゆき最終的に直立すれば、相手が手を抜いても前に倒れることはない。そのときにまだ接触面に乗っている感覚を維持することができれば、そこを押されたとしてもこれまでとは段違いの力強さが生まれている。

この**「もたれている」感覚は、慣れてくると相手に押されなくてもいつでも感じることができ、また腕のみならず身体中のどこにでもその感覚を出せる**ようになる。

このエクササイズは、壁を押すことで一人で試すこともできるが、その場合は自分で「壁がなくなってもバランスを崩さないか」ということを感じることが必要だ。

エクササイズ2「拳合わせ押し」

①お互いに半身となり、前の拳を伸ばして拳同士を触れ合わせる。
②その状態で身体を前に倒さないようにして押し合い、体勢を維持する。

これもまたゴムまりの力を体得した人と押し合いをすると、身体ごと後ろに押され前足が浮いてしまうか、腕が曲がってしまう。腕が曲がった人は、腕力で負けた、と思ってしまうがそうではない。腕を曲げて相手の力を吸収しないと身体を後ろに浮かされ、倒れてしまうことが感じられるから腕を曲げざるを得ないのだ。つまり、**身体が押し負けている**のである。

エクササイズ1の「正面押し」と違い、半身で足を前後に開いているのでより強い力に耐えることができ、また若干前のめりになったとしても前に足があるので倒れづらい。そのため正面押しよりも力任せに身体を倒し、バランスを崩して相手を押して

拳を伸ばして合わせ、上体を倒さないようにして押し合う。

しまいがちなので、「もたれずにもたれる」という感覚の養成という主目的を忘れずに試してほしい。うまくできると、自然と**上半身は地面に対して垂直**に近くなってくる。

肘ははじめのうちは伸ばしきるとよい。そのほうが腕の力を気にせずに体重を乗せる感覚に集中できるからだ。

体重を乗せる感覚がつかめてきたら、肘は少しだけ曲げていてほしい。腕を曲げることによって、相手からの力の方向が変化したときに対応することがより容易になる。肘を曲げても必ずしも筋力が必要ではないという、トライポッド・メソッド第二の原則「骨を通る力」を養うことにもなる。

このエクササイズは突きのフォームや組手の構えに似ているため、直接的にパンチ力の増大につながるエクササイズとなる。このエクササイズで拳に体重を乗せることができれば、実際の打撃でも相手に力を乗せることができることを体感でわかるだろう。

なお、相手に体重をより大きく乗せるためには、身体をできるだけ前傾させてもたればよい。しかしその形ではバランスを大きく崩しているので、後退することも連打することもできないはずだ。**ポイントは「もたれる」ではなく、「もたれてもたれず」「全方向にもたれる」**だ。

▼補助練習

このエクササイズも壁を相手に、一人で試すことができる。壁に拳をつけてもたれる。壁がなくなっても倒れない、バランスが崩れないように立つ感覚を身につける。足を前後に開くとより強く、バランスが崩れない。足を壁と平行に左右に開くと強く壁を押すことはできないが、より繊細に前後にぶれないバランスを感じ取ることができるだろう。

もしバランスボールがあれば、よりよいエクササイズができる。壁にバランスボールを押し当てて、それを同じ要領で押してみてほしい。どんどん圧力を高めていくと、バランスボールの中心を外れてボールが暴れそうになる。それをうまく制御し押し続

相手がいないときは、伸ばした拳を壁につけて練習できる。
壁がなくなっても倒れないバランスを維持しながら押す。

けることで、単純な押すだけの感覚ではなく、中心をとらえ続ける力も養うことができる。

このエクササイズでは、大きなバランスボールよりも直径30センチくらいの小さなもののほうが、より中心をとらえることが難しく、楽しいはずだ。中心をとらえる感覚を養えることはもちろん、逆にボールがどのように逃げるのかがわかるので、自分が押されたときにどうやって逃げればいいのか、も体感的にわかってくる。ゴムまりの力はゴムまりに教われ、だ。

応用編だが、片手で小さめのバランスボールを壁に固定し、反対の腕で思いきり打ってみてもよい。普通に打つとポーンと腕が跳ね返されてしまうので、その衝撃を吸収して、振動をボールに戻す感覚を味わってみる。打ってすぐに次の攻撃または防御に備えるために腕を素早く引くような通常の打撃ではなく、打ったままボールを押さえつけるのだ。これは相手の身体に衝撃を浸透させるような打ち方、感覚を身につけるのに効果的なエクササイズである。

衝撃は振動、波だ。その波を邪魔しないよう身体に無駄な力を入れなければ、その

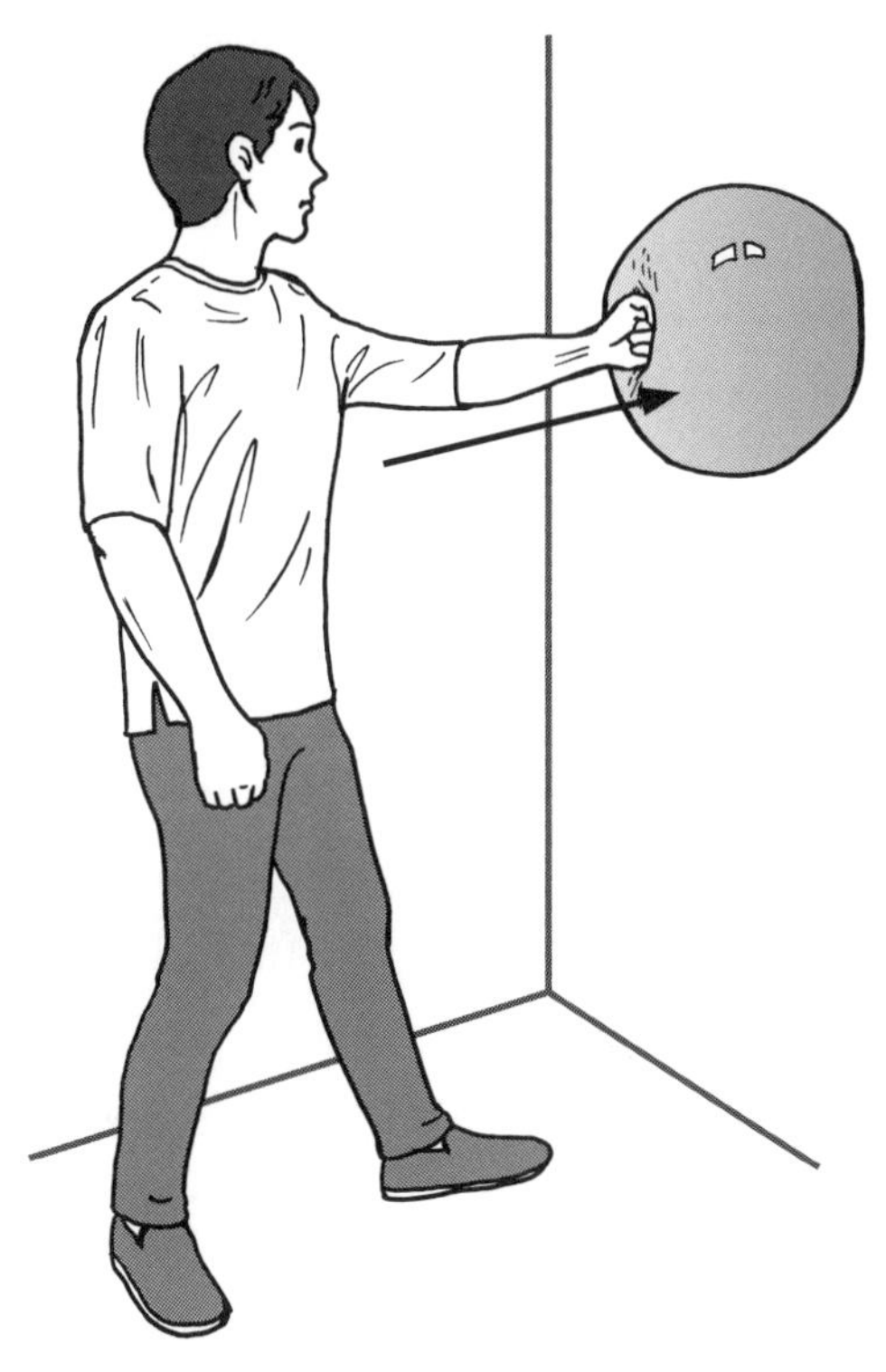

同様に、壁と拳の間にバランスボールを挟んで行うと、対象の中心をとらえる感覚も養える。また、もう片方の手でボールを押さえて打つと、対象物に跳ね返されずに衝撃を浸透させる打ち方が身につく。

波（力）を効率よく伝達することができる。ただ、この感覚にこだわりすぎると、押すような突き方になってしまうので注意が必要だろう。

エクササイズ3「胸押し（正面、半身）」

▼胸押し（正面）

①お互いに正対し、相手の胸に片手の甲を添える。
②そのまま前に倒れず、まっすぐに立ったまま相手を押していく。

これは後述する立禅で培った腕の中のボールの力を試すのによいエクササイズだ。
腕の中のボールの強さというと、腕の張り、すなわち腕の強さと考えてしまうが、

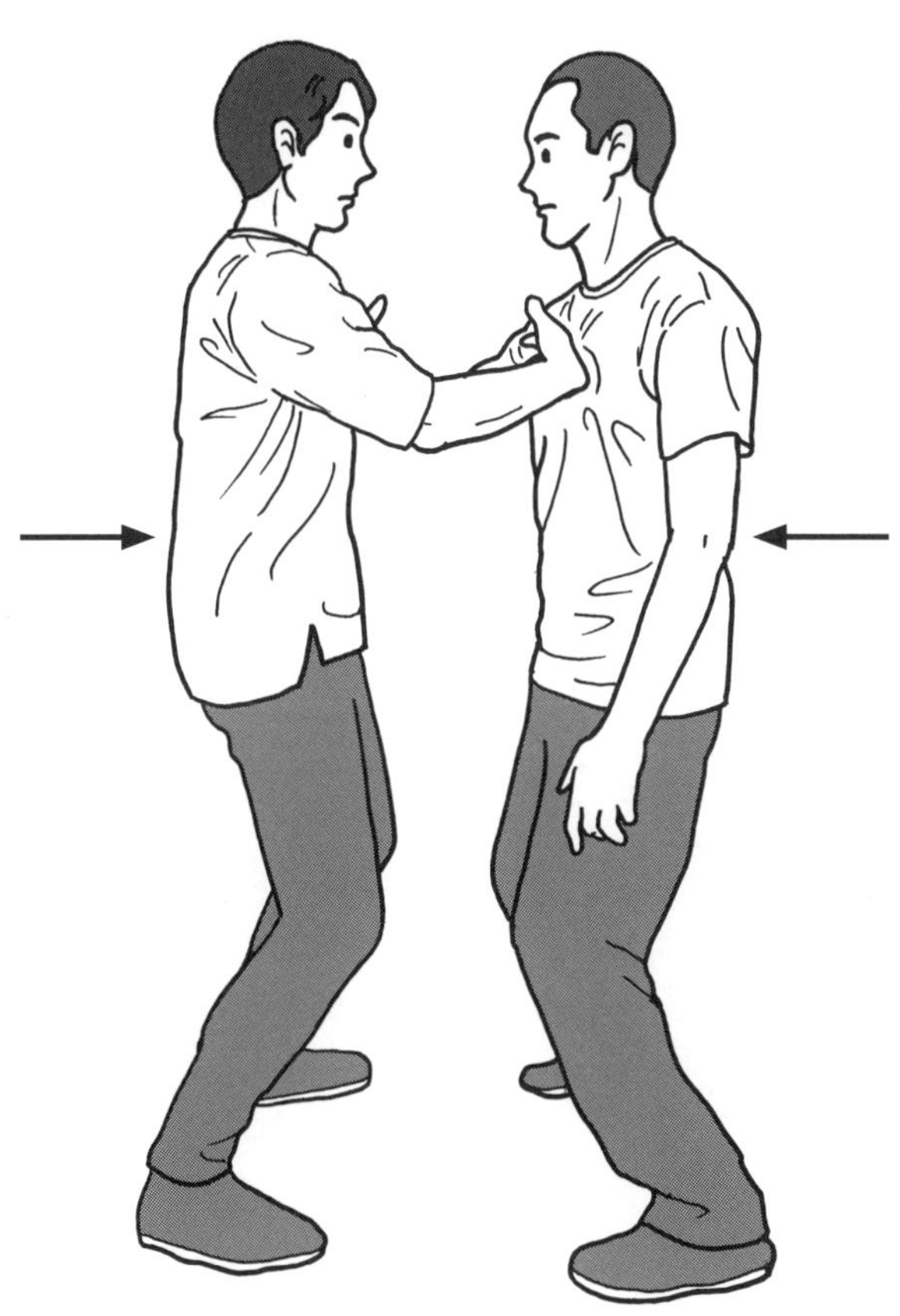

お互いに正対し、相手の胸に片手の甲を当て、上体を倒さずに押す。自分の手の甲よりも、相手に押さえられた胸を意識する。

実際にやってみると大切なのは体幹の強さだということがわかる。

自分の片手の甲を相手の胸につけて押すのだが、意識すべきは相手を押す自分の腕ではなく、相手の甲に押さえられた胸である。正面押し、拳合わせ押しで体感した力を、相手に押さえられた胸の接触面に発揮すれば、ただ腕を伸ばしただけで相手は体勢を崩してしまう。

大切なのは腕ではなく、体幹であることがよくわかるエクササイズだ（余談だが、昔の雑誌の記事でプロレスの神様、カール・ゴッチが同様の練習を紹介していた）。

▼胸押し（半身）

①半身で向かい合い、お互いに前の手は相手の胸、後ろの腕は相手の肘を持つ。
②その状態で、できるだけ身体を前に倒さず押し合う。

このとき、お互いと接触しているのは掌、胸と肘だ。この場合も、相手を押してい

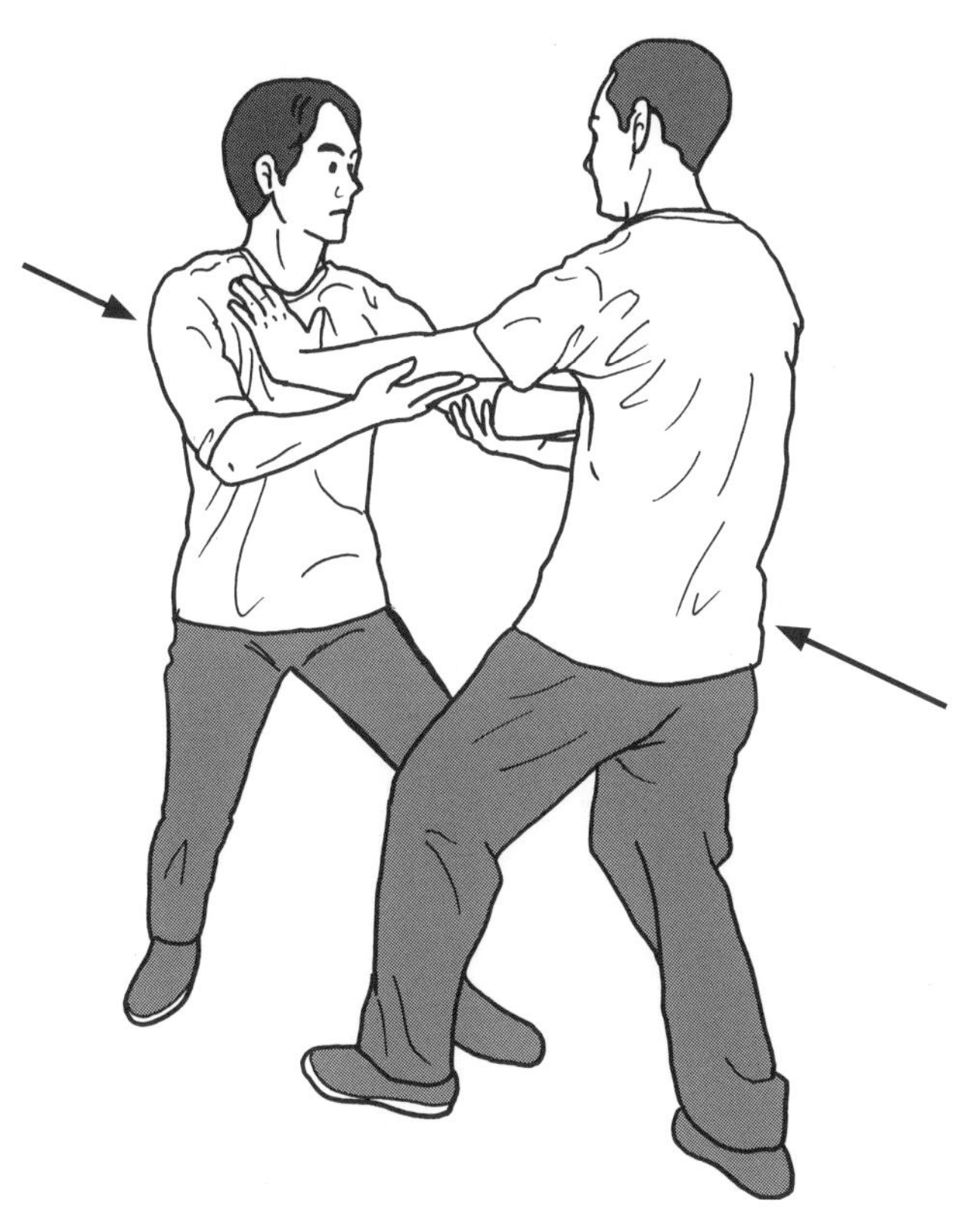

半身で向かい合い、前の手は相手の胸に置き、後ろの手は相手の肘を持つ。そして、上体を倒さずに押し合う。前の手よりも押されている胸を意識する。

る掌よりも押されている胸にゴムまりの力を作るとよい。どちらかがゴムまりの力を体得している場合、押し合い、力比べにはならず一方的に浮かされてしまうことがわかるだろう。

トライポッド・メソッドは、押されたときにバランスを取りつつ力を出すためのメソッドだ。だからこれを体得すると、相手がバランスを崩していることや、どうすれば崩すことができるのかも感覚的につかめるようになってくるのだ。

エクササイズ4「拳合わせ歩行」

①正対し、左右の腰の横に構えた両拳を合わせる。拳同士だと接触面が痛いので、片方は掌で受けてもよい。

②できるだけ身体を前傾させずに、一方が前に歩いてみる。受けはそれに抵抗しつつ

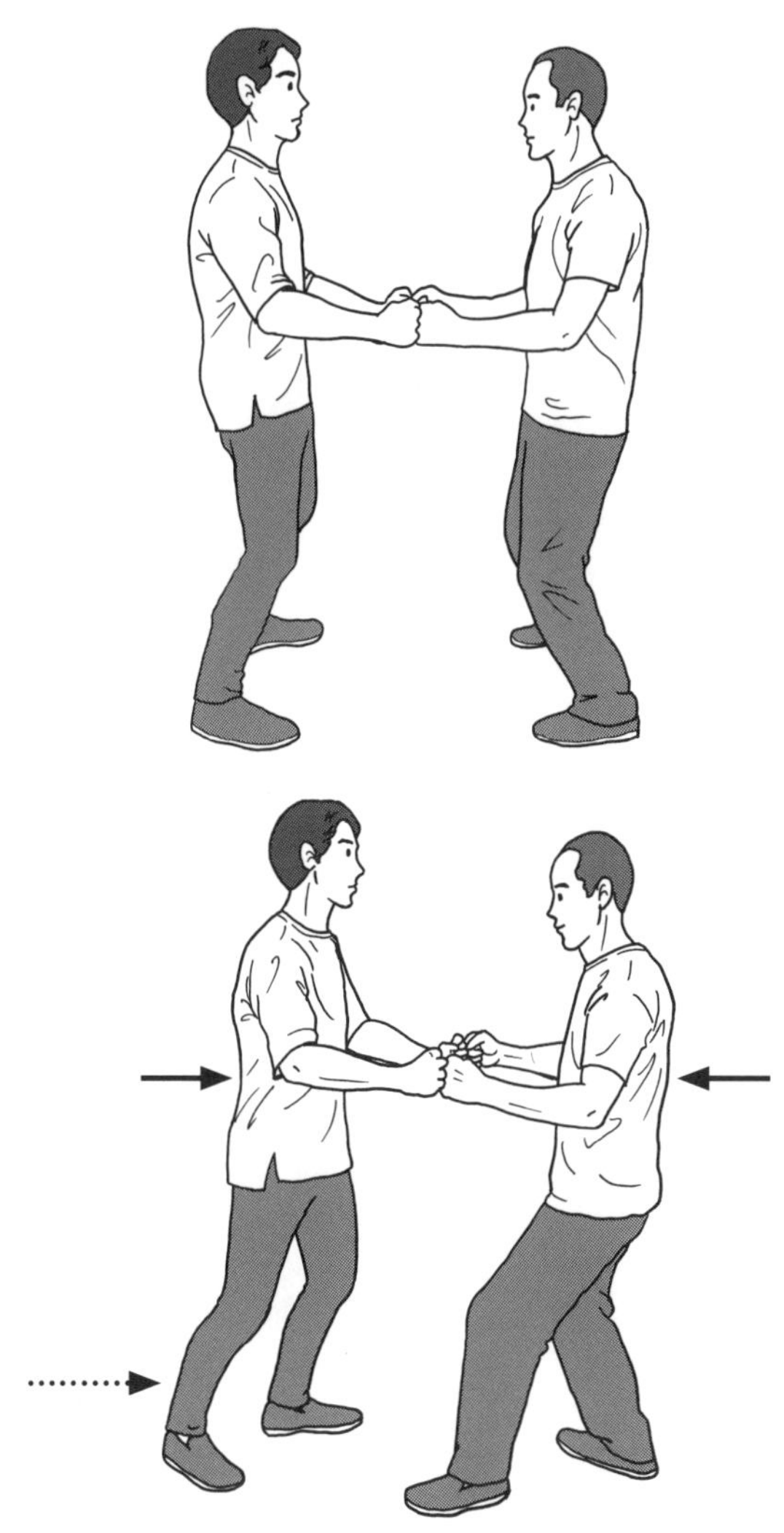

腰の高さで両拳を合わせ、上体を倒さずに、一方が前進する。もう一方はそれに抵抗しつつ後退する。これもゴムまりの力があれば、いとも簡単に前進できる。

後退する。

このエクササイズで普通に前に歩こうとしても、受けが力を入れて抵抗すると前に進むことができない。歩こうとして片足を浮かせたときに相手の力に負けてしまうのだ。これはゴムまりの力が移動のときに抜けてしまうことが原因だ。

正面押しなどの静止したエクササイズで養った感覚を、移動時にも抜けないように注意しながら歩いて、感覚をつかんでほしい。慣れないうちは特に肩、肘など腕で力が抜けてしまうことが多い。

特にこのエクササイズは、できる前と後の差が明確で、できないうちはいくら押しても前に進むことができないが、感覚がつかめるとまるで相手がいないかのように軽々と前進することができるようになる。

このエクササイズは、身体がまとまって動く感覚もつかみやすい。なお、前進する歩幅が広いと難易度が高くなるので、狭めがよいだろう。

エクササイズ5「前腕押し」

①お互いに半身に構え、前の前腕を合わせる。
②お互いに押し合い、崩されないようにする。

この前腕押しは、中国武術で広く稽古されている推手という稽古のスタート時の形だ。推手では、前腕を触れ合わせたまま平円を描くように前後に腕を回す。推手ではむやみに力を入れることは禁物だが、ここでは単純に押し合ってみよう。

前腕を押すとき、腕の力で押すとすぐに肩のあたりが疲労してくる。そこで、思いきって相手の前腕にもたれてしまえばいい。

だが、ただもたれてしまうと例によって相手が腕を外すとバランスを崩してしまうので、前腕にもたれつつ、後頭部、背中側にも同時にもたれるのだ。相手の前腕を押して背中側に圧力を加える感覚だ。

お互いに半身になり、前手の前腕を合わせ、上体が倒れないように押し合う。前方に（相手の前腕に）もたれつつ、同時に後方にもたれる感覚も持つ。

こうすると、相手の前腕にもたれかかっているのに、上半身は地面に対して垂直の状態が保たれる。すなわち第一の原則「もたれてもたれず、全方向にもたれる」だ。

これができているかどうかは、お互いに前腕を押し合い、相手に手をパッと離してもらう。その時に腕が相手側に伸びきらず、また身体が前につんのめらず、その場をキープできていればよい。その時、腕が一瞬相手側に伸びるかもしれないが、それが瞬間的にもとの位置に戻ろうとする。このとき、腕にゴムまりかバネのような弾力が感じられるだろう。ゴムまりの力を体得すると、**身体がボールのような、弾力をもった反応をする**のだ。

実はこのエクササイズでは、単純に前後の力が強ければ相手に押し勝てるものではない。**自分の中心を維持する感覚が重要なので、上下前後左右あらゆる方向に対してゴムまりの力が働いていること**、それをもとにした中心の感覚があることが重要になってくる。

エクササイズ6「天地採気」

これはゴムまりの力を高めるための、一人でできるエクササイズだ。

①胸の前から身体の中心を通るように、両腕を上げてゆく。

②深呼吸のように腕を開いてゆき、しゃがんでいく。

③しゃがみきったら、そのまま腕を身体の中心を通し、立ち上がってゆく。

腕が上がったときに身体に気が満ち、しゃがんだときに気を吐き出すイメージ。この動作の中でも、常にゴムまりの力を維持し続ける。

気功でも同じような動きがあるが、違いとして動きの途中でどこを押されてもグラグラしないようにする。押された部分にゴムまりの力が働けば、これまでのエクササイズと同じく抵抗力があるはずだ。

通常の武道の構えでは座り込むほど腰を落とすことはないので、身体が最も沈んだ体勢で力を維持することができるか確認するのによい稽古だ。自分の中腰の姿勢が正しいか（力があるか）どうか、を効果的に検証できるだろう。

また逆に、立ち上がり腕を上げきったところでも力があるか（押されてもグラグラしないか）を確認する。

この動きは、膝が伸び腕が上がったときには身体に気が満ち、しゃがんだときには身体中の気を外に吐き出しているようなイメージを持つとよいだろう。身体を最大限に伸ばした姿勢から最も縮んだ姿勢までの動作なので難しいが、上下の全可動域を刺激できる、効果の高いエクササイズだ。

このエクササイズでは、ゴムまりの力の本質が自分の身体の重みであること、それが鉛直に落ちることの重要性など、本質が体感できることと思う。

なお、このエクササイズはもともとは「深呼吸スクワット」としていた。いたずらに神秘的な名称をつけることで力を生み出す本質がごまかされることを危惧したためだ。しかしそれだとあまりにも味気なく、目的もずれているため「天地採気」とした。実際に気を採り入れ身体にそれが満ちる感覚を持つことは、重心感覚と共に四肢のリラックス、自然な力の流れの体得にもつながることだろう。

エクササイズ7「立禅」

ここまでにエクササイズ1〜6で、ゴムまりの力がどのようなものか体感していただけたと思う。しかる後は、その力を一層高めるエクササイズを継続してほしい。「天地採気」では、動きの中でその力を養った。この動きは膝を深く曲げるところから伸ばすところまで、最大限身体を伸縮させ、どんな体勢でもゴムまりの力がある

ゴムまりの力を養成するために、最重要の方法が立禅である。胸の前にボールを抱えるようなイメージ。

こと（＝重心がコントロールできていること）を養成する。

そして本書では、立禅を最重要の稽古法として紹介する。

立禅には、それだけで一冊の本が書けるほどの要求と得られるものがある。心身の健康を増進する気功法としても価値が高いものだが、本書ではゴムまりの力、つまりあらゆる方向に力を発する（あらゆる方向からの力に耐える）能力を養う、という点に焦点を当てて紹介したい（立禅に一層の興味があれば、我が師、島田道男のＤＶＤ、天野敏先生、佐藤聖二先生の著書を推薦する）。

①頭頂部から吊られるようにまっすぐに立ち、膝を軽くゆるめ、足は肩幅程度に開く。
②胸の前にボールを抱えるように腕を上げる。

立禅のポイントをいくつか挙げる。

①頭頂部（百会(ひゃくえ)というツボあたり）をロープで吊られているように。それに引き上げられないように身体をゆるめ、下に沈むように、座るように。沈むのだが、ロープで引き上げられているので体勢は大きくは変わらない。

逆に、頭頂部が天井に接しており、押さえつけられている。それに押しつぶされないように身体を上に伸ばすように。二つの力と思いは矛盾しているようだが矛盾していない（後述する「主観と客観、力の表裏」を参照されたい）。

②目は閉じない。遠くを見るように、全体を見るように。表情は笑っているような笑っていないような。口は開いているような閉じているような。口内には唾液が湧いてくる。呼吸は自然に、無理に深くしたり速くしたりしない。こめかみ、眉間、後頭部などがおのずからゆるみ、体感できるほど楽になる。表情、顔はとても大切だ。表情がゆるめば身体もゆるみやすい。武術の修行として立禅をしていると、しかめっ面になりがちなので要注意。

③のどは美味しい水を飲んでいるように。胸はため息をついたときのようにホッとしている。肩は上げず、無理に落とさず、前に出さず、胸を張らず。

④腕は胸の前、掌は肩の高さを基本とするが、それほど気にしなくてもよい。腕の中にボールを抱え、落とさないように。押し潰して割らないようにふんわりと持つ。両掌にソフトボール大のボール、指の間にも小さなボール、両脇にも野球のボールをはさんで落とさないように、割らないように。向かい合った指の間にスプリングがあり、それを押すように、引き伸ばすように。

⑤腰は丸めないように、反らさないように。腹はゆるめて充実する。会陰（性器と肛門の間あたり）から鉛直下に棒が出ていて、それに座るように。すると股関節は自然とゆるむ。

⑥膝は軽くゆるめる。足は沈み込むときには外旋の感覚（左足は反時計回り、右足は

時計回り)、立ち上がるときには内旋の感覚があるが、膝を開いたり閉じたりはしない。ボルトには螺旋が切られているが、曲がってはいない、そのイメージだ。足裏の重心は湧泉(ゆうせん)(土踏まずのやや前)あたりを基本としているが、姿勢によって変化する。

⑦ゆるむことを強調しているが、これは立禅の姿勢をとると腕を上げて立っているので筋肉が緊張せずにはいられないからだ。ただゆるみたいなら、寝転んでダラリとすればよい。人体は筋肉の緊張がなければ動くことができないのだから、求めているのは弛緩ではなく、最小限の緊張である。

⑧身体全体の感覚としては水の中にいるようである。これは全身に四方八方から軽い抵抗感があるということだ。ボールを落とさないように、割らないように、スプリングを押すように、引くように、というのも同じだ。力はほとんど入れず、そう「思う」くらいでちょうどよい。

全ての動きに反対方向の意識があるので、あいまいな表現になる。例えば、肘は伸びようとしながら、同時に縮もうとする。これはすなわち、上腕二頭筋と上腕三頭筋、どちらにも神経から「動け」（＝収縮せよ）という信号が伝達されているようなものである。

身体中の筋肉が全て活発かつ静かに運動しているのだ。身体全ての筋肉、神経が休みつつ活動している。

⑨総じて、関節は鈍角（90度以上）を維持する。理由は「骨を通る力」で説明した通り、腕立て伏せで肘を深く曲げると大きな筋力がいる、ということからもわかる構造上の問題だ。

⑩いろいろな方向から抵抗を加えられたことをイメージし、ゴムまりの力が出せるか確認をする。補助者がいれば、手の甲や後頭部など身体の各部を軽く触れてもらい、力があることを確認する。

補助者に押してもらうほうが体感はしやすいのだが、イメージで抵抗感を持つことにも利点がある。瞬時に逆方向の力を出したり、強弱を調整したりできるのだ。具体的にはイメージのボールを軽くしたり重くしたり、水圧を高めたり弱めたりすればよい。すると、そのイメージに対応して、筋肉の緊張状態、姿勢などに若干の変化が生じることが感じられるだろう。

他にも要求はいろいろあるが、はじめから多くのことを気にするとかえって混乱し、立禅の求める境地とは真逆に進んでしまいかねない。まずは、以下のことを意識する程度がよいだろう。

- **気楽に行う。**
- **頭頂部を吊られて、膝をゆるめるように。**
- **腕の中のボールをふんわりと抱くように。**

キャスター付きの椅子に座り、机（または壁）を押す。
この状態で机を強く押すにはどうする？

オフィスチェアで検証する

トライポッド・メソッドの力を理解するのに、効果的な検証方法を紹介しよう。

▼オフィスチェアに座っての壁押し

脚にキャスターの付いた、オフィスチェアのような自由に動く椅子があれば、地面とつながる、という表現を体感してもらえるだろう。

この椅子に座って、自分の両足は地面につけず浮かせたまま、前の壁や机を押してみる。すると腕が伸びて身体は椅子ごと後ろに押されてしまうだろう。これは壁からの反力が壁と反対方向、つまり自分の後ろ方向へ働いているからだ（作用反作用の法則）。

この状況で自分が後ろに押されることなく、どうすれば壁をより強く押すことができるか、いろいろと工夫してみてほしい。自分の後ろ方向へ働いている力を真下方向、つまり椅子のキャスターが転がる方向ではなく、キャスターを真上から押し付けるように、壁を使って身体を真下に押し付けてみると、後ろに転がることなく、より強く壁を押すことができるだろう。

これが**力を地面に通す、アースする感覚**だ。壁と椅子の間にある自分の身体が柔軟に力を吸収すればゴムまりの感覚になるし、固く突っ張れば地面から突き出た杭のようにもなる。

またこの検証で、身体の真正面の壁を押せば単純に後ろに押されるだけだが、片手

この状態で二人で押し合い、うまく押す方法を工夫する。

で身体の真正面ではなく少し左右にずれた場所を押すと（右手なら右側、左手なら左側）、オフィスチェアは回転してしまう。

この状態で壁を強く押すためには、腰（椅子）が回転をしない方向にも力を入れる必要がある。これを試してみると、右手で押すときには左の尻に強く圧力が生まれるだろう。

ここから、**右手の力は左腰、左足から、左手の力は右腰、**

右足から生まれるという感覚も確認できよう。

オフィスチェアが二つあれば、二人で向かい合って座り、両足を地面につけずに押し合って、ちょっとしたゲーム、対人稽古が楽しめる。

「上段壁押し」

①両腕をまっすぐに、頭上に上げる。
②その体勢で身体を斜めにし、両腕で壁にもたれる。
③腕、身体をまっすぐにしたまま、徐々に角度を深くしてゆく。

トライポッド・メソッドの力の根源は、鉛直下に落ちる重力の力だ。

それを前後左右に発揮するために「もたれてもたれず」「全方向にもたれる」とい

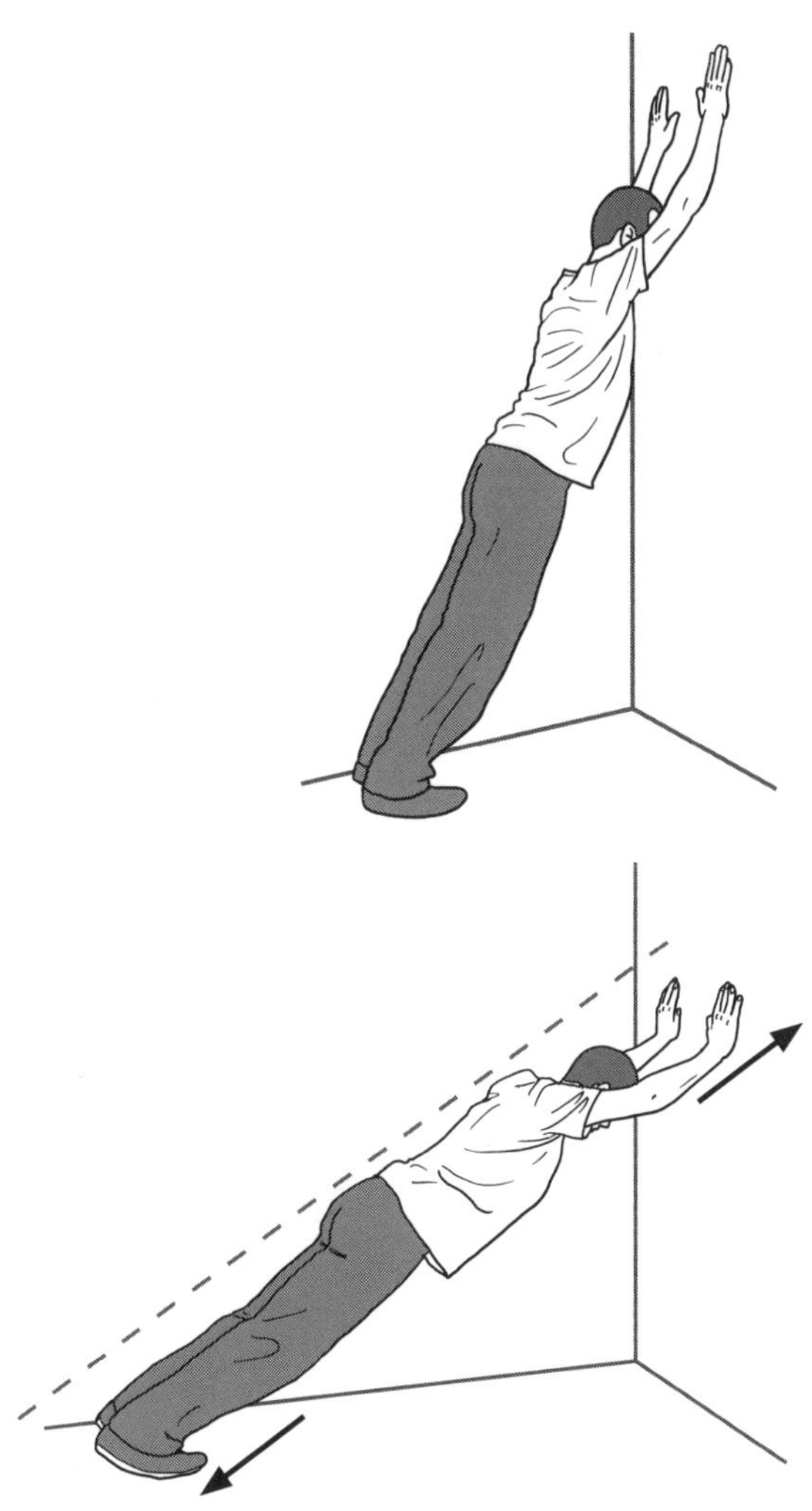

身体をまっすぐにして壁にもたれ、徐々に角度を深くしていく。全身を使って「突っ張り棒」を張るイメージ。

う感覚を用いる。この全方向とは、上下前後左右、あらゆる方向を意味する。中でも**最重要は、上下方向**である。上にもたれる、下にもたれる、というのは表現として違和感があるが、このエクササイズを通して感覚をつかんでほしい。

手をついた壁は、自分にとって頭の真上だ。この体勢をとると、手で壁を強く圧することができるだろう。このときの力は、例によって壁にもたれた身体の重さが主体である。これが、上にもたれる、下にもたれる、という言葉を通して感じてもらいたい力だ。上方向、下方向に体重をかける、といってもいい。

上下方向は身体の構造上、前後よりもはるかに強い力に対抗することができるのだ。ただ腕と身体をまっすぐにしてもたれるだけでも、壁を強く押すことができるが、それ以上に強く壁を押そうとする場合は、身体全体を背伸びするように伸ばしてゆけばよい。壁と地面に、斜めに突っ張り棒を張るイメージだ。

このとき、身体のどこに力が入っているだろうか？　試してもらえばわかるが、**腕や脚、腰、といったどこか一箇所ではなく、身体全体が、その部位の筋力に応じて均等に力を発している**。どの筋肉も過度に働かず、またサボってもいない。普段であればつい力んでしまう腕も、このときは自分の弱さに気づき、腰や他の部位に力を出すのを任せていることだろう。

このとき最も重要なのが腰の形だ。**腰がくの字に折れてしまうと一本の棒状にならず、力が通らない**。上下にもたれた感覚が薄くなり、身体にも無駄な力が入ってしまう。腰をまっすぐにしたり、極端に曲げてみたりすると、腰が抜ける、つまり腰で力が途切れてしまう感覚がよくわかる。曲がった棒で壁を強く押すと、その曲がった部分に負荷が加わって折れてしまうのと同じ理屈だ。

また腰が曲がると、身体全体の重さではなく、腰から上の重さしか壁に伝えることはできない。トライポッド・メソッド第二の原則「骨を通る力」では、曲がっていても強く押せる角度がある、と説いているが、ここでは直線のほうが、腕から脚に力が通る感触がよりわかりやすいので、そのようにしている。慣れてきたら、この力が通る感触を維持したまま、いろいろな形をとればよい。

この**上下の力が、全ての基本となる力**だ。それを体感してもらうのが、次のエクササイズである。

【バリエーション…上下の力を前と下に】

頭上に上げた両腕を、徐々に身体の前にもってくる。

上に伸ばした腕を身体の前にもっていく。こうすると、上下で感じる力を徐々に自分の前方向に向けても同じことだ、ということがわかってくる。地面と対象の間で、うまく突っ張り棒のようになればよいのだ。突っ張り棒はバネなどの力で押さえているのではなく、長さを調整した後は、その素材自体の強さで壁を支えている。

「上段壁押し」のエクササイズでは身体は斜めになっているが、重力はいつも鉛直方向に働いている。その鉛直方向の重力（＝体重）を、斜めになった身体を通して壁に伝達する感覚をつかんでほしい。それがわかってくると、触れた相手に重さを伝える感触も一層強くなるだろう。

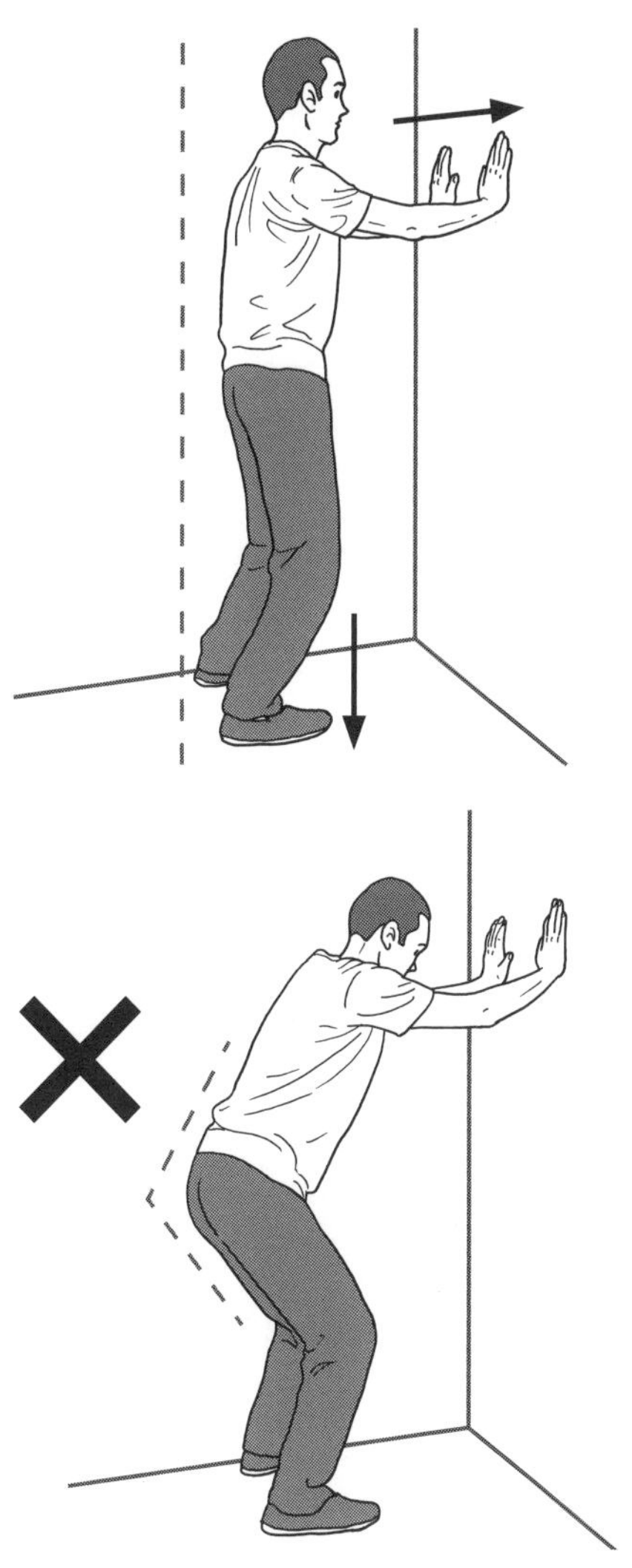

上に伸ばしていた腕を、身体の前にもっていく。この状態でも同様に、地面と壁の間で「突っ張り棒」のようになればよい。腰の部分で折れてしまうと、そこで力が途切れやすい。

第4章

「ゴムまりの力」を考察する

身体中が一つの筋肉であるかのように動く

トライポッド・メソッドの三つの原則とエクササイズを通して「ゴムまりの力」を体感してもらえたとしたら幸いだ。

本来持たない力は、それを獲得するのに時間がかかる。しかしこの力は誰もが持つものだ。「ゴムまりの力」を普段使う言葉でシンプルに言えば、「バランス力」だ。誰かから押されたときのように、外部から圧力が加わったときにそれに対応する力は、バランス力に他ならない。

ただ、一般的にバランス力というと、サーフィンや綱渡りのように足元が不安定なところで体勢を維持する力のイメージが強い。一方で、誰かから押されたときには力を入れて踏ん張るので、ここで必要なのはバランスではなく筋力、パワーだ、と勘違いしてしまうのだが、そうではない。

押されたときに体勢を崩さずにその場に立ち続ける動き、後退する動き、押し返し

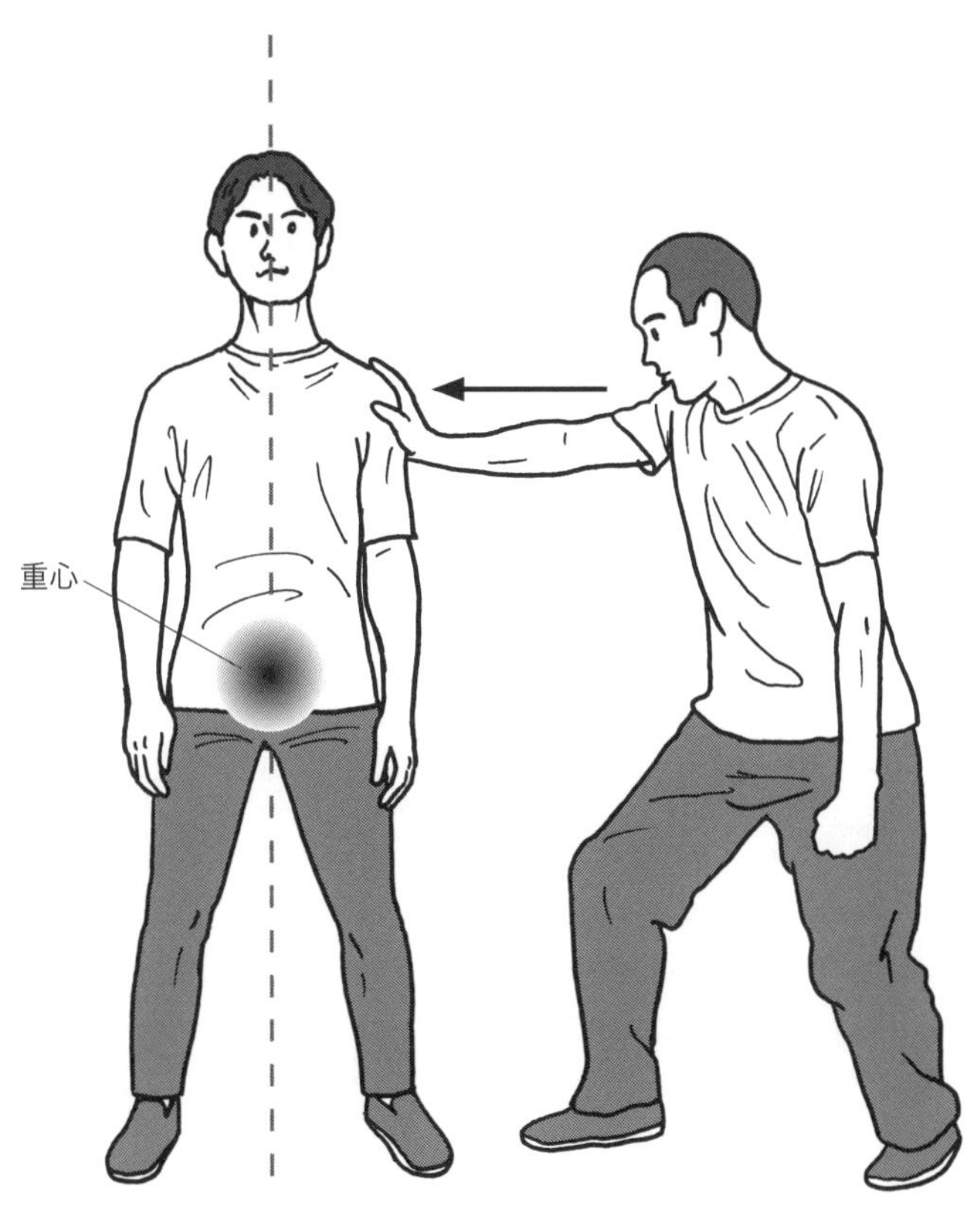

押されても体勢が崩れないバランス力が、ゴムまりの力となる。これはいわゆる筋力ではなく、重心の把握を維持することで生まれる。

たときにすかされても前につんのめらない力、これらは全てバランス力の発現だ。相手と押し合い、バランスを崩そうとするときも、自分のバランスを把握し続けている、ということが前提だろう。

「ゴムまりの力」があると、身体が弾力をもって外部からの力を跳ね返したり受け流したりするので、一見すると「バランス力」とは関係がない特別な力のように見える。

しかし**「ゴムまりの力」の本質は重力との調和、すなわちバランスそのもの**であり、三つの原則とエクササイズはそのバランスを維持するために体勢を合理的に整えるガイドラインである。

トライポッド・メソッドや「ゴムまりの力」が筋力のみに頼らない、と表現しているのは、この力がバランス力だからだ。例えば、ラグビーやサッカーで相手プレイヤーに押されても、体勢を崩さずにプレーし続ける力だ。これには筋力が必要ではあるが、それだけではないはずだ。また、目をつぶって片足立ちをするとき、足腰や全身の筋肉がどんなに発達していても、それだけで長時間立てるとは誰も思わないだろう。

つまり、**筋力はそれ自体が直接衝撃に耐える力になるのではなく、バランスの取れ**

た体勢（身体構造）と重心を維持するために「二次的に」必要なのだ。

筋肉をスプリングとすれば、何百ものスプリングが一つの構造体として協調し、大きなスプリングとして働かなければ、体勢を維持するという目的は達成できない。**身体中が一つの筋肉であるかのように動きたい**のだ。

武道の「型」や各競技の「正しい」フォームも同様である。それらはそれ自体が目的ではなく、実用時に安定して動けるバランスを保持することこそが本来の目的だろう。

だから時折、型にはまらない独特のスタイルでプレーする一流選手が現れるのだ。彼らは彼らなりの姿勢と動きでバランスを取っているのである。大切なのは普遍的とされる型ではなく、その人、その状況に応じた体勢だ。

トライポッド・メソッドはこのような押されても動じない力、バランスを保ち続ける感覚を養うためのものである。

ハラから力を出す

ハラ（腹、肚）から力を出すという表現がある。

古来より日本では「太っ腹」「肚が据わっている」「肚が充実している」などハラの太さを良しとし、また「腹黒い」「腹に一物がある」など、ハラを精神の在処と感じる文化がある。

西洋はハートの文化、東洋はハラの文化といえば紋切り型にすぎるかもしれない。しかし東洋の武道を修行していると、重心をハラに落とす型が多いのだ。重心を胸（ハート）に上げれば動きやすく、下げれば安定する。ボクシングの構えには素早さ、空手の構えには重厚さを感じさせる。これは重心の違いが一因だろう。

生活様式が西洋に近づいた現代日本人には「ハラから力を出す」という表現に馴染みはあっても、体感が伴わないように思う。力を発揮するべきは相手（対象）との接点なので、主に手腕部だ。ではどのようであれば、ハラから出た力が手腕部を通して相手に伝わっているといえるのだろうか。

このハラから力を出す、という感覚もまたトライポッド・メソッドを通じて体感することができる。

「ハラから力を出す」といっても、腹部、腰を大きく回転させてその力を伝えるというだけではない。ハラが一見動いていないようでも、ハラから力は出る、むしろ動かないことで出る力があるのだ。

では、ハラから出る力とは何か。

ハラから出る力とは、自分自身の重心がしっかりととれ、その重みを対象に伝える力である。

例えば、相手を強く押したいあまりに腕が伸び、腰が後ろに残った形では、腕を脚で支えることができていない。ハラを通して腕が脚で支えられた力を感じることができれば、そして腕を力の発生源ではなく伝達の道として使うことができれば、相手を押したときの負荷は腕のみならずハラや脚に分散される。

このときの感覚は本書で繰り返し述べてきた、「もたれてもたれず」「自分の体重を相手に伝える」、もしくは「相手の身体で自分を支えている（しかしそれのみに頼っていない）」、という感覚に他ならない。

「へっぴり腰」を辞書で調べると「中腰で尻を後ろに突き出した落ち着かない腰つき（『大辞林』）」とある。フリースタイルレスリングの構えやラグビーのスクラム、タックルもまた中腰で尻を後ろにして顔が前に出ているが、彼らをへっぴり腰だとは誰も言わないだろう。へっぴり腰かどうかは、上半身が受ける力を脚に伝達できる腰かどうかであって、見た目ではない。へっぴり腰の場合は、力がそこで途切れて脚に伝えることができない。つまり力を支えきれないのだ。

ハラから力を出す感覚は、全身から力が出ている、という感覚でもある。逆にどこにも力が入らない、という感覚さえ生じる。これは同じ力を腕など身体の一部だけで出す場合と違って、大きな筋肉である、脚や体幹を使って出すことから生まれる感覚だ。

ゴムまりの力は中心の力

トライポッド・メソッドで体感するゴムまりの力は、当初は膨らむ力、相手を押す力として感じられるだろう。膨らむ、ということは身体の前面は前方向へ、そして背中側は後ろ方向へ、頭頂部は上へ、足底部は下へ、ということだ。

つまり反対方向への力があり、反対方向があるということは、それを分ける中心がどこかにあるということだ。

前に押しているときに後ろへの力がなければ、相手が引いたときに前に崩されてしまうだろう。反対方向への力を併せ持つゴムまりの力は、上下前後左右へと自分を中心として球状に力を出すことができる。すると身体が伸びやかになり自分が大きくなったような、身体が膨張しているような体感がある。

逆もまたしかり、この上下前後左右へ膨張する力が体感されると、その反対方向の力、つまり中心に向かって収縮する力もあることがわかる。それは例えば、相手を引きつける力だ。前にいる相手を腕で押すときには、自分の背中は後ろを押している。これが膨張の感覚の基本だ。引きつけるときは腕を手前に引いてくるので、身体は逆に前方に向かう。

これらを膨張と収縮と感じるときの中心は、身体がその場で動かずまっすぐに立っている場合には、ほぼ下丹田あたりに位置する。しかし、**トライポッド・メソッドでいう中心とは、観念的、精神的なものではなく物理的な重心、バランスの中心のようなもの**である。

自転車に乗ったときに感じる、あの感覚と同じものだ。自転車で安定して走行しているときには重心はサドル付近にあるが、カーブのときや自転車を倒したときには、重心はそのときに応じた場所に移動する。だから中心（重心）は確かに存在するのだが、絶え間なく変化しており、固定的ではない。

しかも、相手選手や物（刀やバット、ゴルフクラブ）に触れた途端、その中心は変化する。中心は自分一人の中心ではなく、触れた物体や遠心力などを合わせたバランスの総合で生まれるものだ。

だから、動きのあるものを写真のような静止画で見ると、バランスを崩しているように見えるかもしれないが、それはこのような力を考慮に入れないことによって生じる誤解だ（特に武道の達人の分解写真などは、静止画では真意をとらえることはできないだろう）。

人間はいかなるときも、自然界の物理的なルールから逃れることはできない。だからどんな形でも、すでに完全に自然の法則にしたがっている、とはいえるのだが、トライポッド・メソッドによって中心の感覚がより明確になれば、各種競技で必要な力とバランスが向上するに違いない。ゴムまりの力は中心の力の一形態なのだから。

上から吊り下げる、軸の力

武術ではしばしば「丹田」と「軸」の重要性が強調される。動きの基準となる点と線だ。これらを作ることが型を作ることであるといっても過言ではない。**ゴムまりの力は中心の力**である。この中心点として丹田は知覚される。そしてその意識を拡大すると、軸の意識も生まれてくる。

トライポッド・メソッドの三つの原則の一つめは「もたれてもたれず」、もしくは「全方向にもたれる」だ。もたれる、というと前や後ろの壁に体重をあずけるイメージだろう。しかし、実は**最も大切な「もたれる」感覚は、上下方向**にある。地面にもたれ、頭頂部に押しつけられた天井にもたれるのだ。

地面にもたれる、というのは不自然な表現だが、地面に体重をあずける、と理解してほしい。ただ力を抜いてまっすぐに立てば地面に体重をあずけているので、ひとまずそれでいい。反対に、頭頂部にもたれる、というのもこれまたおかしな日本語だが、頭頂部に天井が触れており、その天井に圧力を加えるように押し上げるイメージだ。**地面を踏みしめ、天を支える**。これが上下の軸のメインとなる感覚だ。

ただ、これだけだと軸の感覚は細い線ではなく、身体と同じくらいの太い丸太のようなものだ。そこに前後にもたれる力、左右にもたれる力が加わると、それらによって力の感覚が中心に集まり、細い一本の線となる。なぜなら、前後にもたれるということは、感覚として前と後ろを分ける面があり、同様に左右にも分けるラインがあるからだ。

この**前後左右からの力の分水嶺となる一本の線は、どちらから押されても強く抵抗できる中心のライン**である。これがトライポッド・メソッドにおける軸の感覚だ（これに上下からの力の分水嶺を加えると、垂直のラインと水平のラインが交差し、それが丹田付近の感覚ともなる）。

二つめの原則「骨を通る力」から軸を感じることもできる。すでに紹介した折れた割り箸の実験からわかったように、関節は曲げていてもある特定の角度・方向からの負荷には、ほとんど筋力を使わずにその角度を保持することができる。例えば、誰でも膝を軽く曲げる程度であれば太ももに負担を感じることなく長時間立っていられるし、背骨もまっすぐではなくアーチで頭部の重さを支えている。

膝をゆるめてリラックスして立ち、頭頂部に重量物が載っていることをイメージする。それをバランスよく支えられるとき、自然な軸ができている。古来から世界各地で頭に物を載せて運ぶ頭上運搬という方法があるが、まさにその感覚だ。

軸を感じる場所は体勢によって変化する。例えばレスリングの構えやラグビーのスクラムのように、腰を落とし顔が前に出た体勢では軸は身体の前方に位置し、背骨や体幹に沿わないこともある。軸は固定的なものではなく、重心の知覚を根本とした身体感覚だ。

トライポッド・メソッドでは、軸の感覚を「上下の力」と表現し、前後左右の力を生む根本的な力ととらえている。ゴムまりの力は球状に放出、収縮される力だが、この上下の力、すなわち立つ力が前後左右への力、動きの根本となるものである。

上下の力は、自動車のサスペンションにもたとえられる。自動車のサスペンションは、バネの力によってタイヤが地面に接する圧力を適正に保ち、摩擦力（推進力）を維持する。**人が前後に進む力も同じく、地面との摩擦力と密接な関係がある。**氷の上ではどんなに力と体重のある男性でも、普通の地面に立つ女性一人押すことはできないだろう。

上下の力は、まさにサスペンションそのものだ。足裏に適切な方向で圧力を加えることによって地面との摩擦力を生み、それが相手を押し、打つ力となるのだ。

自動車のサスペンションは、バネや油圧、空気圧を利用している。だから、簡単に圧力を変えることはできない。しかし人の場合は筋力、骨の角度を意によって自由に変えることができる「意圧サスペンション」とも言える素晴らしい機構を持っているのだ。

ゴムまりの力は、中心となる丹田、軸の感覚がベースにあるものなのだ。

力感なく力が伝わる

トライポッド・メソッドが生まれるきっかけとなった禅僧に初めて出会ったとき、腕を押されて後ろに吹き飛ばされた。しかし禅僧は小柄な老人、身長差15センチ、体重差も20キロはあるだろう。しかも足が悪く、歩くのもままならない状態だったのだ。

その禅僧の立ち姿が、ゴムまりの力を理解するきっかけとなった。私を押すとき、脚にも腕にもどこにも力を入れている様子がなかったのだ。

ゴムまりの力を体得すると、それは**身体の一部の筋力で生まれる力ではなく、身体の各部が密接に連携して自分の重さを相手に伝える身体操法**であることがわかる。だから、身体のどこか特定の部位や筋力を使っている様子がなかったのだ。

力は脚から、大地からというが、実際には地面を強く踏むこともない。強く踏むことで力を生んでいるのであれば、それは重さや大地の力ではなく脚の筋力だ。

ゴムまりは押されたら反発する弾力があるが、自分から勝手に膨らむことはない。完全にゴムまりの力を出せる状態であれば、各パーツにほとんど力感はないのだ。それはゴムまりの弾力が接触点だけではなく、ゴムまり全体から生じるのと似ている。そしてゴムまりに弾力が感じられるのは、ゴムまりが地面に接しているからだ。

きれいにパンチが決まったときは、拍子抜けするくらい、どこにも力が入っていない、スカーンとした感触がある。こんなときは地面を踏み込んだ感触はないし、背中に力が入っている感覚もない。これはまさに地面の力が身体のどこにも滞ることなく相手に伝わった結果だ。ゴムまりの力が理想的に発揮された状態である。**ゴムまりの力は自分の身体を、地面と相手との中間経路（媒介）とする**のだ。

このとき力感がないからといって、筋力が不要なのではない。自分の全身の構造と筋力がゴムまりのように一致して相手に伝わったのだ。だからもちろん、筋力は強ければ強いほどよい。**ゴムまりの力は筋力や型を否定するものではなく、論じているレイヤー（層）が違う**のだ、ということを改めて強調しておきたい。

相手との接点以外が動く

相手を制したいと欲すれば、相手を自分の思い通りに動かしたくなる。相手を動かすためには相手と触れた箇所を動かしたくなる。相手を自分の腕で押さえていれば、その腕を動かして相手を押したり引いたり殴ったりしたくなるのだ。

トライポッド・メソッドでは逆の発想をする。相手と触れた箇所をできるだけ動かさず、**触れていないところが動くことによって力と体勢を維持**しようとする工夫である。

ゴムまりは押された部分が凹む。圧力に負けて譲るのだ。しかし中の空気圧によって一定以上に凹むことはない。その圧力は押された部分だけではなく、ゴムまり全体の張りが生んでいる。ゴムまりの力を養うトライポッド・メソッドでも同じである。圧力を受けた部分よりも身体の他の部位が動いて力を生むのだ（ここまでお読みいただいていれば誤解はないと思うが、身体に空気圧や「気」の圧があるということではない。ゴムまりと同じような感覚で動くが、力の根源はあくまでも筋力、骨などの構造の力である）。

すでに紹介した正面押しのエクササイズを例にとると、相手と触れ合っている部分を無理に動かそうとする必要はあまりない。腰を中心として身体全体が、相手の負荷の方向に対して最も強い状態に変化し続ければよいのだ。

すると、結果として触れ合った前腕部が動くかもしれないが、前腕部分だけを見て、お互いの前腕の位置関係でこのエクササイズを分析しようとするとただの力比べとなり、本質がわからなくなってしまうだろう。

動かざる力、動じない力

ゴムまりの力は、バランス力だ。それは一方向に偏ってもたれない力なので、**その場に居続ける力**のようにも感じられる。

スポーツ、格闘技は「動き方」の練習が主体だ。いかに強く、速く、正確に動くことができるのか。

しかしゴムまりの力は、**安定の力、動じない力**を養う。相手を押すときにも活かされるのだが、むしろ押された時に相手の力を吸収し押されない身体を作る。吸収する先は地面である。地面に置いたボールを押すと力を吸収し、その力がそのまま地面に伝えられるのと同じだ。**相手の力をアースする、受動的な力**といってもいい。

押しながら引く力、矛盾した力だ。相手を押しているときに同時に引き、頭を上に突き上げながら同時に沈み込む力、右側にある壁を押しながら引き、同時に左側にある壁を押しながら引く力である。

俊敏な動き、反射神経は年齢と共に衰える。一方で力（パワー）は年齢と共に衰えるとは限らない。ボクシングの軽量級で40代でチャンピオンになるのは難しいが、ヘビー級のジョージ・フォアマンは45歳でチャンピオンとなっている。

いわゆる現役世代を過ぎて武道を続けるのであれば、スピードもさることながら、衰えない力を身につけることが重要なのだ。トライポッド・メソッドで養うゴムまりの力の根源は重さであり、つまりは体重だ。これは年齢と共に衰えるものでない。残念ながら、余分な脂肪がついて重くなってしまう人もいるだろう。そんな余分なものさえも力に変えてしまうのだ。

もちろん競技では、適切に動かずに勝つことはかなわない。しかし、この「動かざる力」を維持しながら動く、もしくはいつでもこの力を発動できる状態を維持できる、ということが競技力の向上につながることに疑いはない。各種競技の熟練者は例外なく、このゴムまりの力に類する力を高度に備えているはずだ。

誰もが生来持っている、当たり前の力

トライポッド・メソッドはシンプルだ。伝えることはただ一つ「ゴムまりの力」に集約され、しかもそれは人間誰しもが持つ力だからだ。

90分のセッションでほとんどの方が理解をし、体感して実際にできるようになる。そしてセッションのあと、ゴムまりの力を体得した方と話をすると、2種類の意見を聞くことになる。一つは「これはすごい！」。もう一つは「え、こんなこと当たり前じゃない？」。

どちらの反応も、私としてはとてもうれしい。そう、これは当たり前のことなのだ。

呼吸の仕方を教わっても、当たり前すぎて誰も驚かない。誰にでも自然に備わっているからだ。

ゴムまりの力も、呼吸をすることと同じく人間が生来持っているバランスの力だから、当たり前の力なのだ。しかし当たり前の力こそ、もっとも重要な力なのだ。生きていくのに絶対に必要な力だから誰もが持っているのだ。

長年の修行でごく一部の人のみが持っている「すごい力」は、その人の職業や生き方に必要ではあっても、普遍的に誰もが必要な力ではないだろう。

「トライポッド・メソッド」、そして「ゴムまりの力」と名付けてはいるが、これは本来誰もが日常何気なく使っている力にすぎない。しかし誰もが持つ力だとしても、それを高度に使いこなしているとは限らない。

この力は当たり前すぎて、うまく使えている人は「才能がある」「運動神経が良い」と、生まれながらの才能、感覚と片付けてしまわれがちだ。しかしこの力に名前をつけ、焦点を当ててエクササイズをすることによって、誰もが体感でき、その根本的な力がより豊かに育まれるのだ。

本当にすごいこと、重要なことは、修行しなくても誰もが生来持っている、当たり前のことなのだ。

腕を脚のように、脚を腕のように使う

トライポッド・メソッドを学び、ゴムまりの力が腕に宿ると、腕があたかも脚のような強さを持つ。相手に押されても、それに耐えることがこれまでよりも楽になるのだ。ではなぜ、そうなるのだろうか。

腕は対象をコントロールすることが主な役割だ。例えば物を持ち上げたり動かしたり道具を使ったり、相手を押したり引いたりするということだ。人はそのように手を進化させてきた。だからスポーツや格闘技で相手と接触したら、その相手を押してやろう、引いてやろう、と相手を動かすために腕を使う。

一方で、脚は自分を支えることが主な役割である。身体のバランスを維持し、立ち続けるために働いている。股関節や膝、足首、全ての脚関節の動きは、自分の体勢を維持し続けるために活動しているといっていいだろう。

舗装されていない急峻な山道でも、人は膝や足首の角度など気にすることなく歩くことができる。しかし改めて考えてみると、これはとてつもなく複雑な動作である。何十キロもある身体を、足裏の小さな面積のみで維持し、ショックを吸収しながらスムーズに身体を移動させているのだ。

人が二足歩行となり、前脚（腕）と後脚（脚）の役割を明確に分けたことは、人をここまで特異に進化させてきた大きな要因だ。だがそれによってないがしろにされてしまった力がある。

それが、**「腕を使って自分を移動させる」**という感覚である。

前述の通り、腕は「対象を」動かすもの、脚は「自分を」動かすもの、という意識がある。これは意識の中でも自分で主体的に操作できる顕在意識ではなく、もう一段深い潜在意識と呼ばれるような部分に根ざすものだ。

だから身体は自動的に、自然とそのように反応してしまう。スポーツや格闘技で相手と接触すると、その接触点で「相手を」押してやろう、引いてやろう、という操作をするのだ。

しかし例外もある。触れた対象が、自分よりも重く動かない場合だ。壁に手をついたとき、壁を動かしてやろうとは誰も思わない。このときは壁を押してその反発で自分を動かす、という感覚が自然と生じる。スポーツでも相手が自分よりも重く強いときには、相手に触れたときにそこを支点として自分が動くということをごく自然にするだろう。

このように**腕で相手を動かすのではなく、腕で自分を支え、そこを支点に「自分を」動かすのはいわば「脚的」な腕の使い方だ。**このようなことは、誰もが状況に応じて自然に行っている、何でもない行為だ。だから完全に失われた感覚ではないのだ。

しかし問題は、基本的には腕は「対象を」動かすものとして機能しているために、相手のほうが重く強いときにも相手を動かそう、としてしまうことが多いということだ。

とはいえ、スポーツにおいてはいくら相手のほうが強くても、相手を押して動かさなければならない、というシーンはいくらでもある。ではそんなときにはどうすればいいのだろうか。

そのときには、腕と脚の使い方を逆転させるのだ。つまり、相手を動かすために脚を使い、自分を支えるために腕を使うのだ。**腕を脚的に使い、脚を腕的に使う**。相手を押すとき、腕は相手を押すのではなく、主に自分を支えるために使う。そして相手を動かす力は、腕よりもはるかに筋力のある脚や下半身に任せてしまうのだ。

ラグビーや相撲で相手に当たるときも腕ではなく、下半身で相手を押しているはずだ。腰が後ろに残った、いわゆるへっぴり腰になってしまうのは、相手を腕で押そうという意識があるからだ。

実は、脚を腕的に働かせる、つまり「対象（相手）を」動かすために脚を使う、という感覚はそれほど難しくない。それは比較的よく使われる感覚だからだ。例えば、腕組みをして腕を使えないようにして相手を押すと、腕を使わないので自然と身体で相手を押すことになる。おしくらまんじゅうもそうだ。

逆に、腕を脚的に働かせる、つまり「自分を」動かし、支えるために使うことはあまりしない。また、腕は脚よりもはるかに器用なので、つい相手を動かそうとしてしまうのだ。

ここで腕を脚的に使うための簡単なエクササイズを紹介しよう。

①壁の前の地面に両掌、両足裏をついて四足立ちになる。

この体勢で手足を曲げ伸ばししたり、頭を上下前後に動かしてみる。これが腕で身体を支えている感覚だ。体勢が変わっても身体が自然とバランスを取ってくれる。自分の中に眠る、四足歩行の時代を思い出してみよう。

②両掌を壁の下のほうにつき、徐々に壁を上がってくる。

③普通の立ち方になり、腕は壁に触れている。徐々に上がってくるのは、地面で四足になった感覚を維持しながら立ち上がるためだ。立ち上がって腕を垂直に壁に触れていても、そこが地面であるような感じが維持できていればよいだろう。犬が机に

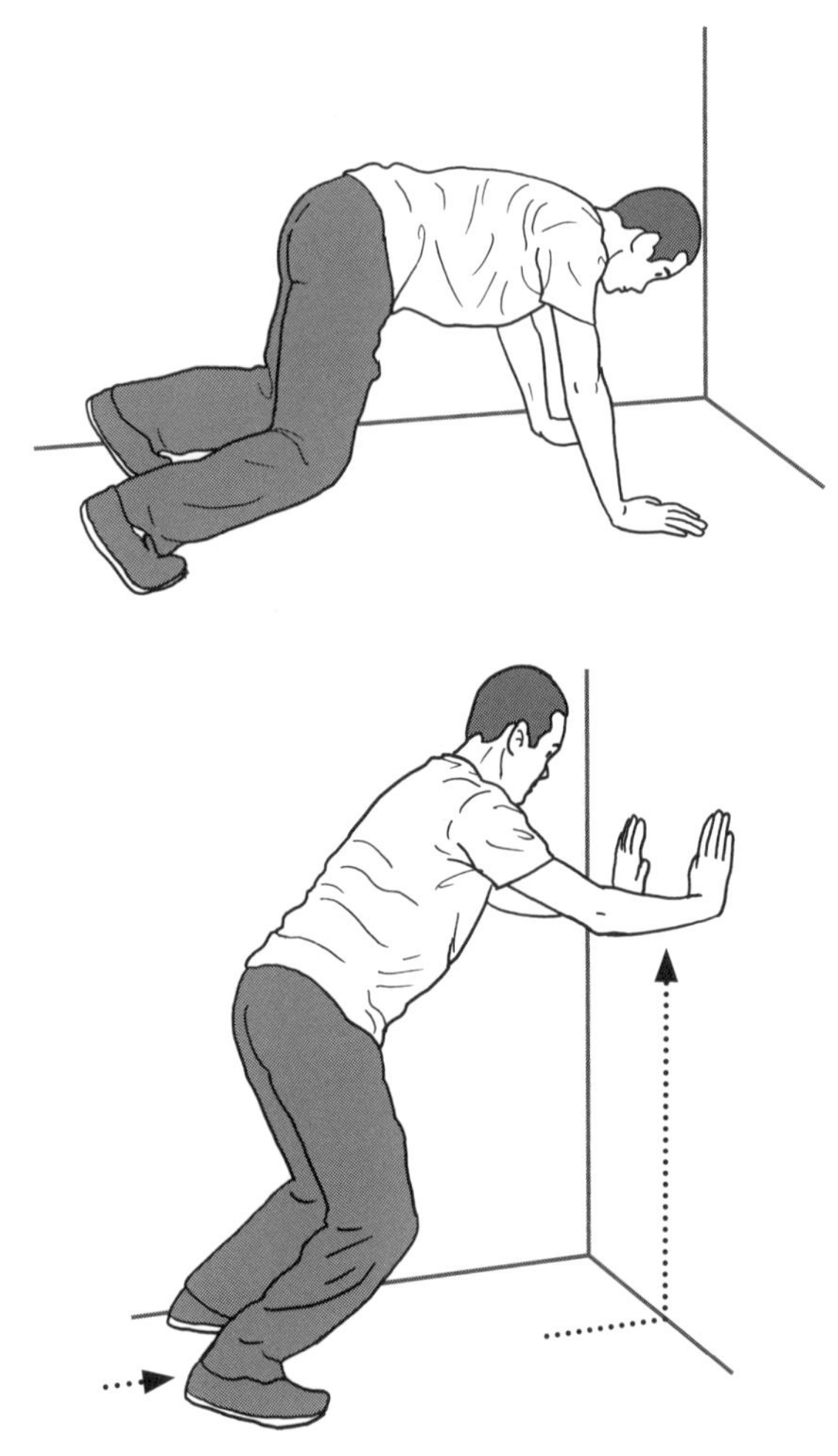

まず両手両足で四足立ちになり、徐々に両手で壁を上がっていく。壁も地面であるような感覚を維持する。対人の接触時もこの感覚と同様に。

前足を置いて立ち上がったようなものだ。

腕が体重を支える脚のような感覚になれば、押されたとしてもそれに無駄な抵抗をすることはなくなる。

山道で大きめの石を踏んだとき、その石が邪魔だからと踏みつけて地面に埋めてやろうとは誰もしないだろう。凸凹があっても、自分のバランスが維持されていればそれでいいのだ。**足は地面と喧嘩をしない。**

それと同じように、相手に押されても腕がそれに合わせて自然に引かれバランスが取れればいい。この際に、**腕を脚的に使うことができれば、ただ軽く引くのではなく、相手の腕に乗って力を維持したまま引くことができる**のだ。

押された腕を引く、下半身で押す、とやっていることは普通と何ら変わりがないのだが、腕を脚的に使うことができるとパフォーマンスに大きな差がつく。

「相手を動かす」と「自分が動く」に実際のところ差はなく、腕を脚的に、脚を腕的に使う、という表現も完璧ではない。本当のところは**「身体全体が、各部の筋力に**

見合った出力のみで外力に耐えてバランスを保つ」という構造だけなのだ。これを味わい、動きの質の変化を楽しんでほしい。

第5章

意識で引き出す身体の力

身体感覚と意識の相関関係

「学ぶ」の語源は「真似ぶ」とする説がある。

気功では自然を真似る。虎や熊の勇猛な動作を真似ることで、その雄々しい気を身体に写し取る。立禅も気功の一つだ。立禅を中国では站椿というが、これは樹木の真似であるともされる。大木のように静かに立ち、その静けさ、何事にも動じない強さを真似るのだ。

真似をすればそうなる、ということは全く非科学的なこととはいえない。日常でもイライラした人のそばにいると自分までイライラしてくるし、ゆったりした人と一緒にいるとこちらも安心する。眉間にシワを寄せていれば険しい気分になるし、笑顔を作っていると何となく機嫌が良くなってくる。同じように、姿勢を正していると心もスッとしてくるだろう。

心配事があって体調を崩す、というのは意識が身体に与える影響であるが、その逆に、風邪を引くと何となく不機嫌になるのは、身体が意識に与える影響だ。意識と身体、両者は切っても切り離せない。

意識を生み出すのは、身体の器官の一つである脳だ。つまり、意識と身体は別々のものではなく、一つのものだともいえよう。だから、意識面、身体面の両方向からアプローチすれば、より大きな変化が生み出せるはずだ。

哲学者の三木清は、著書『人生論ノート』にこう述べている。「体操は身体の運動に対する正しい判断の支配であり、それによつて精神の無秩序も整へられることができる。情念の動くままにまかされようとしてゐる身体に対して適当な体操を心得てゐることは情念を支配するに肝要なことである」

武術を学ぶ意義はここにもある。**身体がそうあれば、心もそうある**のだ。身体を整えれば、自然と心も整う方向に向かいやすい。

トライポッド・メソッドにおいても同様だ。ゴムまりの力を物理的な力だけでは終わらせず、それを意識面に波及させたい。ゴムまりの力とはつまるところバランス力。つまり、**意識もバランスの取れる方向に自然と調整される**ことになる。体感は意識に影響を及ぼす。

ゴムまりの力は、全方向へ放射する力であり、中心に向かう力である。それは頭頂部を吊るされて引っ張られているような、逆に天井を押し上げるような感覚であり、四肢が心地良く伸びてゆき同時に中心に集まる力である。

この感覚があると、四肢がいわゆる気が満ちたような充実した感覚がある。意が通り気が満ちる。こんな表現は伝わりにくいかもしれないが、私自身の体感としては、

身体がほころび、微笑んだようになる。

身体感覚としての軸や丹田といった中心を得ることが、精神面での軸、中心を作るということは、日本では古来から認識されてきたことだ。

勝海舟の語録「氷川清和」にはこう述べられている。

「この坐禅と剣術とがおれの土台となって、後年大層ためになった。（幕府）瓦解の時分、万死の境を出入りして、ついに一生をまっとうしたのは、全くこの二つの功であった。ある時分、沢山剣客やなんかにひやかされたが、いつも手取りにした。この勇気と胆力とは、畢竟（ひっきょう）この二つに養われたのだ。危難に際会して逃

れられぬ場合と見たら、まず身命を捨ててかかった。しかして不思議にも一度も死ななかった。ここに精神上の一大作用が存在するのだ」

中心を保ちながら、固定された方向を持たない、自由な身体と心。安全な日本で武術を学ぶのは、護身のためではなく護心のためという側面が強いのではないだろうか。

流派の「正しい型」に固執しない

それぞれのスポーツや武道の流派には、独自の型がある。

中国武術では胸を張らずなだらかに、腰は少し巻くような感覚がある。このように腰を巻くと安定し、特に受動的な力が増すが、動きの幅は制限される。黒人のアスリートのように腰の反りが強ければ、大臀筋周りの力と可動域が拡大され、俊敏な動きが可能になる。

胸を張り腹部を締めれば重心は胸に上がり動きやすく、腹を張ると重心は腹に落ちて安定性が増す。

どちらが優れているということではない。用途に応じて、競技の特性に応じて使い分けねばならないのだ。

自分が学ぶ流派を尊ぶあまりに、それに固執してはならないだろう。その流派に伝えられた「正しい」型や動き方は、人間の普遍的な動きのごく一部を、創始者の体癖や思想によって選別したものにすぎないからだ。

他流派の動きや思想を「間違っている」と切り捨てるのは、物事の多面性を考慮に入れない態度だ。本当に正しいといえるのは誰かの言葉や動きではなく、自然の法則のみである。事故で片脚を失った人にはその人なりの、大切な人を失って打ちひしがれている人にもその人なりの姿勢がある。人の**「かくあるべし」という思いが介在しない姿こそが事実**だ。

トライポッド・メソッドがあえて「正しい形」を規定するならば、「自然の法則に従った構造」だ。自然の法則とは、相手と触れればその圧力、動けば遠心力や加速度、地面との摩擦力などであり、「重力に従った構造」であり続けることである。

何かを「する（DO）」のが重要なのではなく、そう「ある（BE）」ことがトライポッド・メソッドを通して求めていることだ。

気のボール（気感）

立禅をすると、指先がビリビリと痺れたような感覚がある。腕の中にはボールを抱いているかのような感触が出てくる。ボールの弾力のような、磁力のような抵抗感を感じるのだ。それらを気功では気の感覚だ、ということもあるが本当にそうなのだろうか。

指先のビリビリした感覚は味わってみるとわかるが、不思議なものではない。冷えきった身体で熱い風呂に入ったときに感じる血流の増加による感覚と同種のものだ。

立禅をしていると心拍数はさほど上がらないが、軽く汗ばみ身体が温かくなってくる。試してみれば、多くの人が血流がよくなることを実感できるだろう。ゆったりとした温泉でのひとときが心身によい、と感じられるように、立禅は心身によい影響を与えているんだろうな、と思わせる体感がある。

私の場合は特に後頭部やこめかみ、眉間がゆるみ、胸のつかえがおりたようになる。これは気分がよくなったから身体がそうなる、という順序ではなく、身体側がまずほぐれてゆき、それに心がつられているように感じる。日常で特段、眉間や後頭部にコリを感じているわけではないが、本当にゆるんだ状態を知ると、日常いかに身体を緊張させているかが実感できる。

これらの感覚は素晴らしく、心身をニュートラルな状態にリセットしてくれるものだ。しかし、腕の中のボールの感触だけは日常味わうことのないものだろう。何もない空間に（気の）ボールをイメージすると、あたかもボールがあるかのような弾力を腕に感じるのだ。立禅をはじめた当初は「気のせい」だと思っていた。「気」のせいではなく、「気のせい、思い込み」だ。だがそれにしては実感がありすぎるのだ。

それも修行を続けるうちに原因がはっきりとしてきた。**腕に感じるボールの弾力は、腕の重さである。** こう言いきると否定される方が多いかもしれない。いわゆる「気」と表現されるエネルギーのようなものを、科学で証明されていないから、という理由で拒否することはしない。私自身、定義は異なるが「気」こそが事物の根源であると考えている。ただ、腕に感じるボールの力については、そのような未知のエネルギー的な説明は必要としない。

ボールの弾力が腕の重さだ、というのはこういうことだ。まず腕という物体には重さがある。我々はこの重さを常に感じてはいるのだが、それをあまり意識に上らせることがない。例えば、水の入ったペットボトルを持ち上げるとき、意識はそのボトルの500グラム分しか感じていない。しかし意識下では腕自体の数キロ＋ボトルの500グラムを感じているのだ。

次に、重さのある物体を動かそうとすれば抵抗感が生じる。腕という重さのある物体を動かすと、普段は感じておらずとも、必ず抵抗感が生じているのだ。1回や2回、腕を振っても辛くも何ともないが、100回振り続ける頃には腕の重さを、辛さと共に感じられるだろう。

立禅のときには、身体の前にボールを抱くように腕を上げている。この形でボールをイメージしていると、その腕の重さから生じる抵抗感がボールの弾力＝抵抗感として感じられる、というのが、腕に感じるボールの弾力は腕の重さである、という意味だ。だから、**この抵抗感は腕の内側だけではなく、外側にも感じられる。**太気拳の稽古では「身体が水の中で動いているように」という表現をするが、この感覚は全身に生じるものだ。腕は神経が集まり鋭敏なので、この抵抗感を感じやすい。だから、まずは立禅でボールの抵抗感、つまり腕の重さを感じることで、全身の重さを感じる足がかりとするのだ。

立禅におけるボールの感覚が「気」ではないと断言すると、立禅に神秘性を求める方にはがっかりされるかもしれない。しかし私は、この理解を通じ一層の可能性を立禅に感じるようになった。ボールのような抵抗感が腕の重さである、という理解は次のことにつながるからだ。

●身体をより深く知覚するということ。
●重さを利用できるようになること。
●身体をエネルギーのかたまりとして認識すること。

これまで感じていなかった腕や身体の重さ、抵抗感を感じられるというのは、これまでよりも深く身体感覚や重心の感覚を知覚できるということである。

そしてトライポッド・メソッドの力の根源は自分の重さ、すなわち体重であると何度も述べている通りで、この重さをより精密に知覚するということはより精密に運用できる、ということにつながる。

そして、重さが力、すなわちエネルギーである、ということがわかれば、重さのあるこの身体はつまりエネルギーのかたまりであるということが頭での理解ではなく、身体感覚を通して得られるのだ（余談だが、古来より支配者は高所に居を構え、高い建築物を作る。これは人が自らが高所にあることで、「位置エネルギー」を保持し、物理的に高いエネルギーを保持していることを潜在的に感じている、という理由もあるかもしれない）。

また、気功では触れずに相手を飛ばす、というパフォーマンスがしばしば行われる。気功的技法がベースにある太気拳だが、我々には相手に触れずに飛ばす、という技はない。仮に他流派で触れずに飛ばす技があったとしても、立禅で感じたボールの弾力を拡大させたものではないはずで、ぜひ味わってみたいものだ。

主観と客観、力の表裏

力には双方向性がある。前方に押せば必ず後方への力が働く。**力の双方向性を体認し身体の使い方に活かすと瞬間的な力と速さが増し、あらゆる方向への変化の自由さが獲得される。**

力の双方向性は、**意識面では主観と客観または能動と受動、物理面では作用反作用**

の法則を通して説明できよう。その力は主に立禅を通して体感として感じられ、開発・強化することができる。

立禅には古くから伝わる姿勢、意識についての教えが数多くある。その一つが「頭を吊るされているように、押さえつけられているように」だ。

立位で頭頂部をロープで上に吊るされているイメージを持つとする。なお、ここでのイメージは脳内の映像というよりも、体感・感覚に近い。体感をもってリアルにイメージする、と言ってもいい。すると首や背筋、腰や膝が伸びる感覚がある。しかし、そのまま空中に浮くことはない。体重が自分を引き下ろしているからだ。

逆に、頭頂部を大男に上から押さえつけられているとする。すると首や背骨、膝は圧縮され折れ曲がっていくだろう。しかし潰されることはない。骨や筋肉が支えているからだ。

「頭を吊るされている」は外部の力によって上へ伸ばされる感覚、「頭を押さえつけられている」は外部の力によって下へ縮められる感覚だが、これら真逆の力が実は同じものである、ということが「力は双方向性を持つ」という意味だ。

改めて、吊るされるイメージを持ってみる。頭頂部のロープで上から引っ張られている。このイメージ(体感)には、実は別のイメージが内包されている。それはそのロープを引き下ろしている、というものだ。上から吊られているので、それに身体（体重）が抵抗して引き下ろしているのだ。「吊られている」すなわち上方向への力が受動的なイメージで、「引き下ろしている」下方向への力が自らが動く能動的、主体的なイメージである。

反対に押さえつけられているイメージではどうだろうか。この感覚にも、やはり別の側面がある。「上から押さえられている」感覚には、逆に下から上に突き上げる感覚がある。上から押さえられているので、それに負けないように抵抗しているのだ。この場合「上から押さえられている」、つまり下方向への力が意識上でメインとなる受動的なイメージ、「上へ突き上げて抵抗する」上方向への力が自らが動く能動的、主体的なイメージだ。

このように見ると、「吊られている」と「押さえられている」は、上方向への力または下方向への力、どちらを主体的に意識しどちらを受動的に意識しているか、という意識の違いのみであることがわかる。つまり**「吊られている」も「押さえられている」も、どちらも上方向と下方向、両方への力が含まれており、どちらの力をより主体的に感じているか、の違いにすぎないのだ。**

我々が普段何気なく立っているときにも、常にこの力は働いている。このようなイメージをせずとも、上方向の力と下方向の力は等しいのでお互いに打ち消し合って身体が感じることはない。しかし、この**相反する矛盾した力を相殺せずに、矛盾のままに感じることで得られる力がある。**それが冒頭に述べた「瞬間的な力と速さ」「あらゆる方向への変化の自由さ」である。

まずは、なぜ「瞬間的な力と速さ」が生まれるのか、例を出して説明をしたい。

デコピンという遊びがある。親指でストッパーを作り、人差し指を弾く動作だ。親指をストッパーとして使わず、人差し指だけで弾く動作をしてみると、力もスピードも全くないことがわかるだろう。親指が人差し指の動きを止めることで、人差し指の筋肉にバネの力がこもるのだ。

これと、先ほどの身体の上下方向も理屈は同じだ。上から吊られているから、それを引きちぎって下に速く、強く落ちることができる。上から押さえつけられているから、それを突き破って速く、強く上がることができる。

ここで、デコピンでは親指という現実の抵抗があったが、吊られている、押さえられている、はただのイメージではないか、という疑問が生じるかもしれない。しかし実際には、身体には重さと、それを支える骨格がある。デコピンの親指に相当にする抵抗力とは、これらの物理的な力であって、イメージは補助にすぎないのだ。

下方向への力とは重力であり、上方向への力は身体の骨格構造と筋力によって生じている重力の反作用である。だからこの力は単なる妄想、気のせい、ではない。**反対方向への力を身体に維持し、それを突き破るとき、強く速い力が生じるのだ。**

次に「あらゆる方向への変化の自由さ」である。ここではアーチェリーを例に取ろう。弓に矢をつがえ引き絞る。指を離すと矢は前方に飛んでいく。これもデコピンと同じ理屈で、後ろへ引く力が前への力となっている。では、現実には決してやらないことだが、矢をつがえ引き絞ったとき、弓本体を持つ手を離したとしたらどうだろうか。

この場合、弓本体が自分の顔にぶつかってきて、怪我をするだろう。弓本体が後ろ（自分側）に飛んでくるのだ。矢をつがえ引き絞る行為は、矢を前方に放つと同時に、弓本体を後方に飛ばす力を含んでいるのだ。

ここで再び身体の上下に戻ると、**上から吊られる、というのも、上から押さえられる、というどちらも、上と下への力を同時に蓄えている**ということになるのだ。上から吊られたロープを切ると、瞬間的な下方向への力が生まれ、頭上の天井がなくなると、上方向への力が生じるということになる。

立禅においては、この**上下の力を主体として、前後、左右へも同様の抵抗感**を持つ。この感覚を研ぎ澄ますことによって、上下前後左右、どちらへも動くことのできる意識と身体を作っているのだ。

デコピンもアーチェリーも、どちらも一方向への力を求めるものだが、潜在的には反対方向への力が含まれている。**この力が蓄えられた状態が立禅によって得られる感覚の一つだ**。あたかも身体中が弓を引き絞ったような感覚になるのだ。

弓を引き絞った感覚といっても、力を入れているのではない。引き絞る力は筋力によって生ずるのではなく、意と体重によって生じるのだ。だから体重を感じなくてはならない。そして体重を感じるにはリラックスしなくてはならない。**力を入れると、筋力という雑味によって重力がわかりづらくなる**のだ（もちろん、一層の力を出すにはここに「適切な方向の」筋力が必要なのは言うまでもない）。

この力は、身体の構造と重さ、筋肉の弾性によって生じる力が主体なので、いわゆる筋力とは少し感覚が違うということを、立禅を通して知ることもまた重要だろう。力は必ず双方向性を持ち、意識もまた相対的なものである。立禅のボールを抱く腕はどうだろうか。立禅中、主体である「自分」はボールを保持しようとしているので、腕はボールをつぶす方向、つまり内側に向かって力を出している。

しかしこのボールはイメージだ。つまり自分が作り出した自分の思いである。そこで客体ともいえる「ボール」の立場でこの状況を感じてみると、ボールは「自分」に押されており、それに耐えて反発、すなわち膨らもうとしているだろう。ボールを持っている自分側の気持ちでは腕は内方向に、ボール側の気持ちになると、腕は外方向に動くのだ。**「私がボールを持っている」というイメージには「私に持たれているボール」**

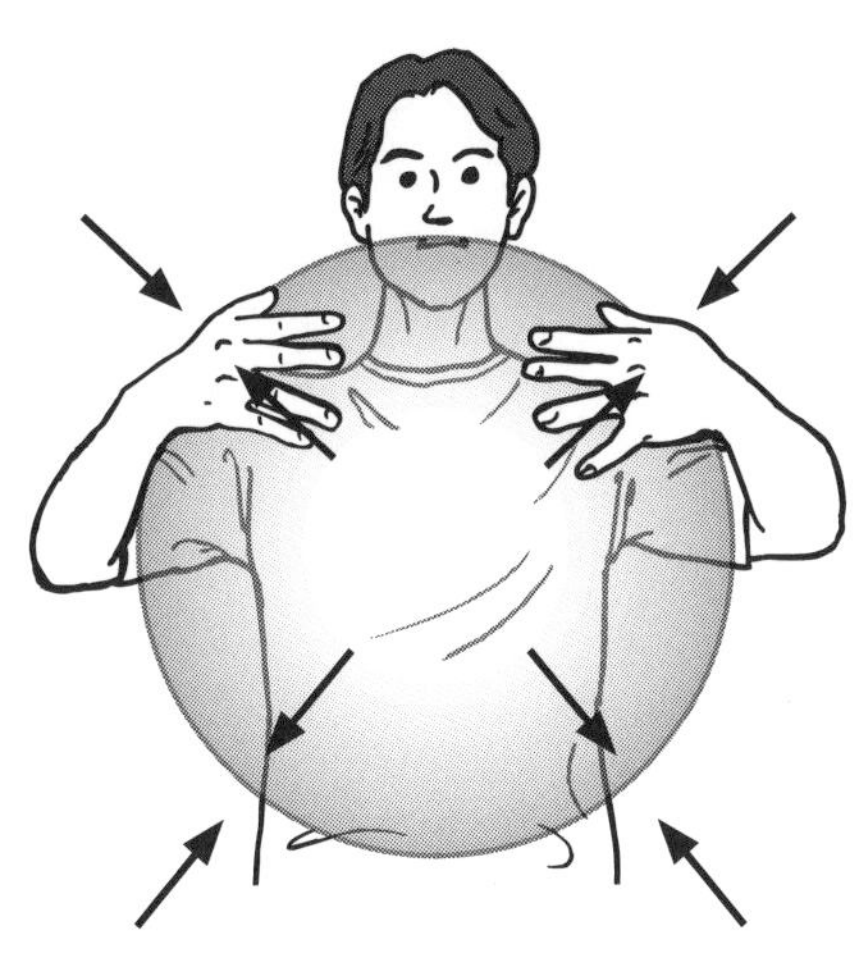

立禅では、ボールを抱えるイメージを持つ。そこには、ボールを内方向に押さえるイメージと、ボールが外方向に膨らむイメージが同時にあり、力の双方向性を意識する。

というイメージが裏側にあるのだ。

そしてこのとき、腕には現実の抵抗感がある。それは別項で説明した通り、気の感覚ではなく腕の重さである。この重さが、デコピンの親指のようにストッパーの役割を果たしており、それを瞬間的に外側や内側に解放することによって、瞬間的な力と速さ、そして内側にも外側にも発することのできる変化の多様さを生み出しているのだ。

立禅においてこの感覚は、腕のみならず全身に生じている。脚の場合は例えばこのような感覚だ。立禅の形のまま、ジャンプする瞬間の身体を作ってみる。深く腰を沈めてはいないので、その場で5センチほど跳び上がるイメージだ。

腰を沈め膝を曲げ、合図があれば瞬間的に跳び上がる状態。このときを観察してみると、この跳び上がろうとする身体の状態は、逆に着地の瞬間とも同じではないだろうか。**地面を蹴り跳び上がる身体と、着地で体重を支えようとする体、これは同じことをしている。**ただ意識がジャンプするのか着地するのかを区別しているだけである。

ボールを投げる動画がある。投げたボールは放物線を描いて地面に落ちるだろう。それを逆再生すると、地面に落ちたボールは、やはり同じ放物線を描いて手もとに戻ってくる。逆再生しても同じ物理法則が働いているのだ。

ジャンプをする、と思うか、着地をすると思うか。本来身体はどちらの動きもできる体勢なのに、**意識が固まるとその方向の動きしかできなくなってしまう。意識の方向性が固まる前、矛盾した感覚を統一せずにそのままにしておく**のが立禅において見出される意識・体感の一つだ。方向が固定されていない自由な意識と身体だ。

自重を感じることにより抵抗感が生じる。重いものは動きづらい。当たり前のことだ。その**抵抗感は動きを阻む壁となり、それを打ち破る力、それに反発する力という二方向の力を生む**。抵抗があるから、より大きな力が生まれる。壁を押さえつけるとき、静止しているが壁と手の間には力がある。それは壁を破る方向の力であり、自分を反対方向に押す力でもある。**不自由さ（抵抗）があるから自由（動き）があるのだ**。

力の双方向性を身体に保つということは、非常に小さく、できれば意識のみで伸び続け、同時に縮み続けるということだ。肘を伸ばすためには、上腕三頭筋を収縮させる。肘を曲げるためには、上腕二頭筋を収縮させる。このように身体には拮抗する筋肉があるが、それら全て、つまり全身の筋肉全てに「動け」というごく微弱な信号を出しているようなものだ（このとき、リアルにボールやバネを強く押さえるイメージをするよりも、何となく思うくらいの淡い感覚のほうが、無駄な力が入らずよいだろう）。

だから、立禅をすると身体が活性化する。意が到れば力が到るのだ。

膨張と収縮、拡散と集中

頭頂部を吊るされる、押さえられる、全身を伸ばす、曲げる。これらは意識と身体の、膨張と収縮であるとまとめられる。立禅をしていると、身体が膨張するような感覚がある。風船のように内側から外側へ圧力があるのだ（これもただイメージによって感覚が変化した妄想的なものではなく、上下前後左右を押す、という微小な動きから生じる感覚だ）。

膨らむということは、身体前面の胸や腹の皮膚は前方向に力を感じている。では、胸や腹の皮膚の1センチ奥(身体内部)、2センチ奥…はどうだろうか。このように探っていくと、前方向への力は体の中心から後ろの時点で、中心側への力になる。中心側への力、つまり収縮方向の力になるのだ。膨張のとき、逆に背中側は後ろ側への力を感じているので、その力を身体の前面で感じたとき、やはり中心側への力、収縮方向への力であることがわかる。つまり**膨張の力は収縮の力であり、逆もまたしかり。**

立禅では意識面の変化も多い。立禅をしていると何となく呼吸に意識が向かうことがある。吸う、吐く、を観察するともなしに観察していると、徐々にそこに意識が集中されてくるのだ。呼吸に対して集中がどんどん高まってくると、鼻を通った息が喉を通り、肺に入る。鼻から出た呼気は唇の上でうずまき、拡散していく…と今まで気にしなかったことが感じられてくる。

はじめはいわゆる吸う、吐くだけの呼吸に集中されていたのに、**ある1点への集中が高まると、結果として全体に意識が広がっていくのだ。**

このように**膨張と収縮、拡散と集中は相反するものに見えるが、反対の側面を包含し陰陽を織り成している。**

余談になるが、陰陽太極図をご存知だろうか。このマークは濃色が陰、淡色が陽を表し、それが合わさり太極となる。ここで陰の中に小さな陽（淡色の○）、陽の中に小さな陰（濃色の●）があることに注目してほしい。

立禅をしていると、膨張と収縮、主観と客観という対極のものが、入れ子構造になっていることがわかってくる。すると、この小さな陽と陰は、実は単純な陽と陰ではなく、

陰陽太極図では、陰の中に陽、陽の中に陰があることが示される。それらの中にも陰陽があり、この構造は無限に展開すると感じられる。

それ自体がまた小さな陰陽太極図となって、無限に小さく展開されるものではないだろうか。これは筆者の感覚によるもので、文献を調べたわけではなく定かではないのだが。

武術はコミュニケーション

武術が想定する相手は熊でもライオンでもない。人間だ。

そもそも**武術とは害意がある人間と対峙し、どう切り抜けるか、という技術体系**である。だから武術は棒や刃物をどのように振るのか、といった身体操法のみの体系ではありえない。人間同士のコミュニケーションの一形態である。

コミュニケーションのゴールは、相手との合意点を探り、そこに到達することだろう。そして武術のゴールは「危機を切り抜ける」ことだ。これらを前提とすると、「試合」「勝敗」という概念について再考せざるをえない。武術は本当に勝ちを求めるものなのだろうか。相手をガツンと殴って気分よく、優越感や達成感に浸るのが目的なのだろうか。

「争い」には段階がある。互いの立場の隔たりがあり、まずは言い争いになり、それが身体的な威嚇になり、肉体の接触を通した格闘になり、それが殺し合いになる。

どこから始めるのか、どこで終わるのか。そもそも敵対を前提としたルートを辿るのか、穏やかに話すのか。

これを自分側で決められることは**自分に都合の良いルールを設定できることであり、このレイヤーを含めてはじめて無敵の境地が見えてくる**。

喧嘩であれば、いきなりビール瓶を割って相手を刺したりはしないだろう。どの程度の喧嘩なのか、その程度を決めるのは自分側でありたい。そして望む結果は何だろうか。相手を土下座させたいのか、笑って握手で終わりたいのか。

勝敗をゴールにする、というのは、対話であれば相手を言い負かしてやろう、説得してやろう、という態度だ。ディベートの達人は論争に勝つかもしれないが、それが信頼を得る、ということと直結はしない。

私の場合、争いにおける理想の決着は、**引き分けること、そして互いを認め合うこと**である。自分が強かったとしても、相手をこてんぱんにはしない。徹底的に相手を打ち負かすと、相手は恨みに思う。自分が弱ければ、それを認め、次への糧とする。相手への敬意を忘れなければ、お互いに良い交流になる可能性が生まれる。

相手を打つということは、自分が打たれるという因果体系の中で生きることである。その体系自体から抜け出すことが必要ではないか。

「手段の目的化」は避けるべき行為だ。相手を殴り倒す、というのは実は手段であって目的ではない。

ゴールはどこか。それを正しく設定しないと迷走する。私の場合の目的は、お互いを認め合うこと、理解し合うこと。それには、勝ちよりも引き分けのほうがよい。もっと言えば、**相手の勝ちが自分の負けとは限らない、そして逆もまた真である。**

戦うのか、戦わないのか。**自分よりも強い敵と戦わざるを得ない時点で、既に負けている。**

ホメオスタシスを高める武術

武術を修行する目的の一つとして、ホメオスタシスの向上を提起したい。ホメオスタシス（homeostasis）とは、恒常性を意味する。

恒常性とは、「生体がさまざまな環境の変化に対応して、内部状態を一定に保って生存を維持する現象。またその状態。血液の性状の一定性や体温調節などがその例。動物では主に神経やホルモンによって行われる」（『大辞林』より）

太気拳の立禅や気功的な稽古を通して得られる「強さ」には、神経やホルモンの安定という側面があるだろう。

アスリートは意外と身体が弱い、という話を聞いたことはないだろうか。私自身も様々なスポーツ、格闘技を経験したが、スポーツをしていない人よりも風邪を引きやすいと感じていた。トレーニングで疲労した身体は免疫力が低下しており、体調を崩しやすいのだ。ボディビルや体重制限のある競技で減量をしているときは、なおさらである。

体力は「行動体力」と「防衛体力」に分類される。行動体力は身体を動かし行動する身体的な能力だ。防衛体力は病気やストレスに対する抵抗力や免疫力、環境に適応する能力を指している。アスリートの身体が弱い、というのは、行動体力に優れた人が必ずしも防衛体力に優れているとはいえない、ということだろう。

武術的に身体が強い、というのは単に身体が大きい、筋力がある、格闘に優れているということだけではなく、病気になりづらい、暑さ寒さに強い、長く活動していられる、それらが含まれているはずだ。武術に試合開始のゴングがないとすれば、いつ危険な場面に遭遇するかわからない。そんなときに風邪を引いているから、という言い訳はできないからだ。

立禅は、意識を通して神経の動きを統御する。立禅中はほぼ静止しているが、身体は汗ばみ、筋肉は疲労してくる。しかし息が乱れることはなく**「立禅は休息しながらの運動」**ともいわれる。

立禅をしていると風邪を引かなくなる、という感想を聞くが、私自身もそれを実感している。太気拳は伝統的に道場ではなく屋外で稽古をするが、夏は暑く冬は寒い屋外で外気に触れること自体がトレーニングなのかもしれない。

防衛体力の向上という点で立禅は優れていると実感されるが、ホメオスタシスという概念を少し拡大してとらえてみたい。恒常性とはすなわち環境の維持である。一般に武術は危険から身を守る術だ。危険という異常事態から普段の生活を守る、それが武術だ。武術は積極的に攻撃することが本来の目的ではなく、自分と周囲をいつも通りに維持する、乱れたバランスを元に戻す、ということが主眼にある。

つまり、**武術はホメオスタシスを高めるためのもの、バランスを高めるためのもの**ともいえるのだ。

三つのスワイショウ、軸はどこか

スワイショウという、腕を振るエクササイズがある（気功の練功法の一つだが、ここでは単なる身体運動として紹介する）。

ここで紹介するスワイショウは、でんでん太鼓のように腕を回転させるものだ。両足を肩幅に開き、腰を回転させる力で腕を左右に振る。腕は力を抜いてダランとさせていればよい。

回転をするとき3種類のやり方があるので、それぞれを試してほしい。

▼スワイショウ（表）

右手が前に出るときに、右足が爪先立ちになるように。右手が身体にまとわりついたときには、左足重心。重心はつま先側。伸び上がる力で回転する。中心点は丹田よりも背中（後ろ）寄りにあって、お腹が弧を描く。

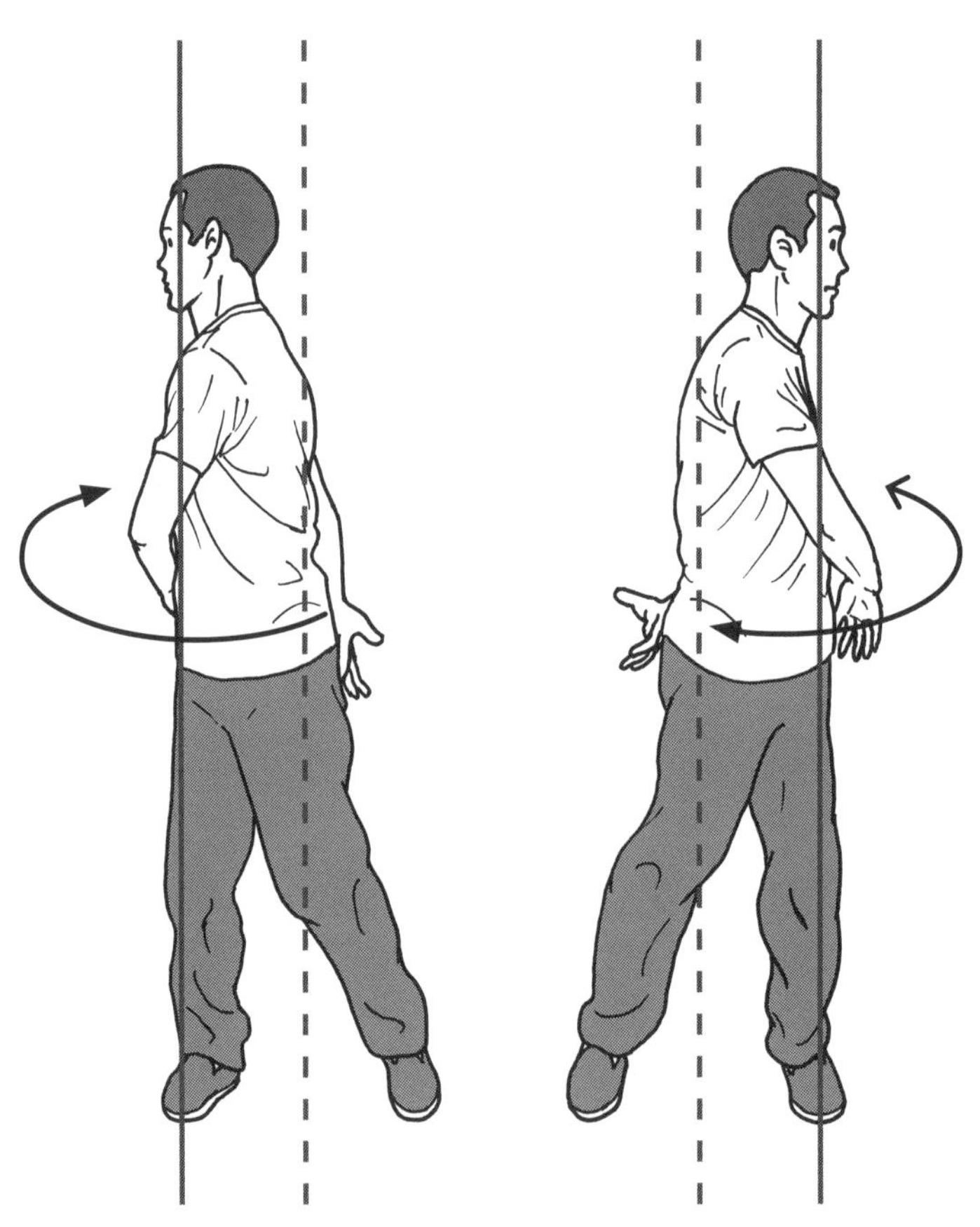

「スワイショウ（表）」の動き。
伸び上がる力で回転する。

▼スワイショウ（裏）

右手が前に出るときに、右足に座るように。右手が身体にまとわりついたときには、右足重心。重心はかかと側。沈む力で回転する。中心点は丹田よりもへそ（前）寄りにあって、背中、お尻が弧を描く。

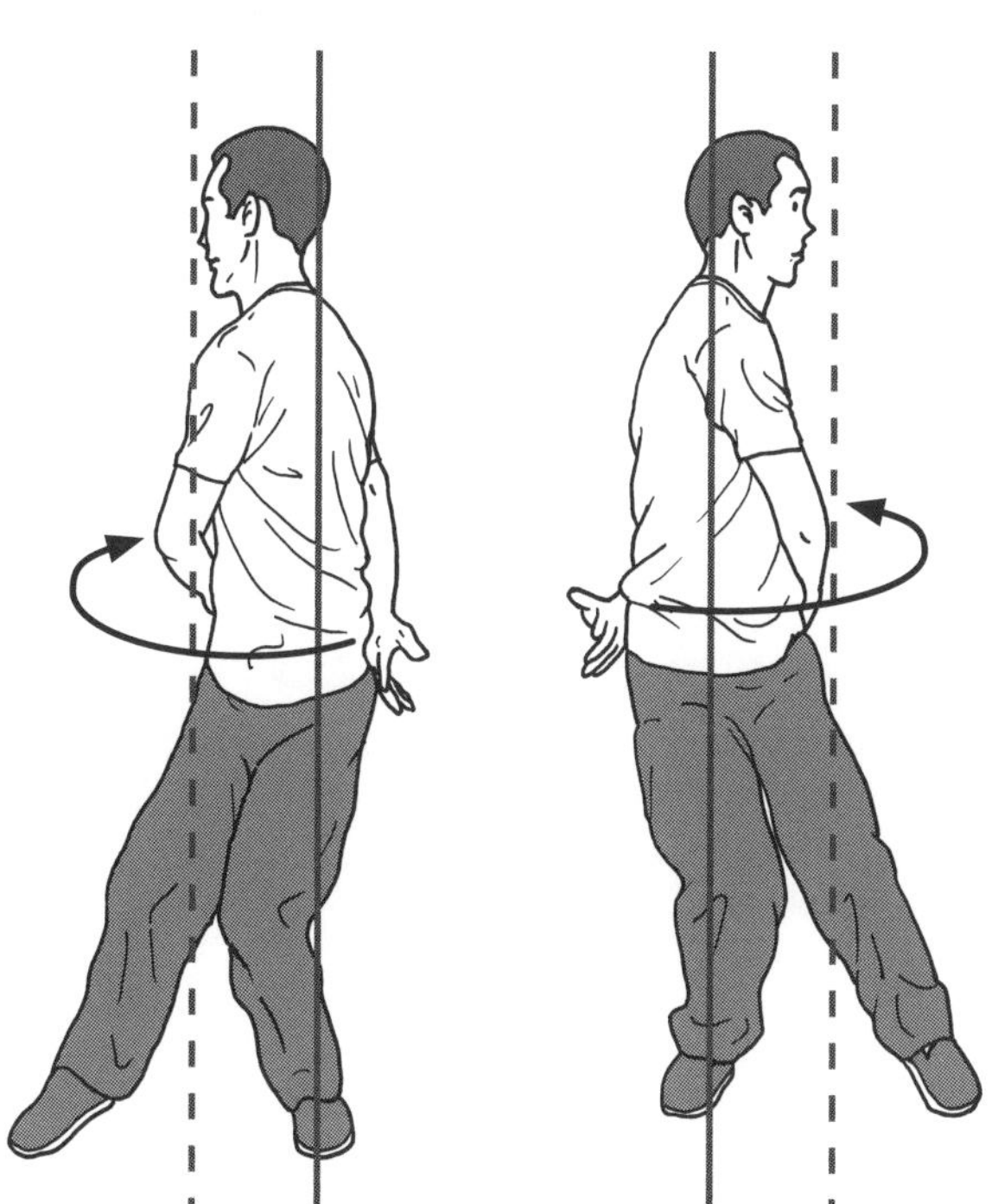

「スワイショウ（裏）」の動き。
沈む力で回転する。

▼スワイショウ（中心）

スワイショウ（表）と（裏）を合成する。鳩尾から上だけが回転する。足腰は前を向いたまま不動となるが、回転をする度にそれに抵抗する負荷がかかっている。

表と裏、どちらかをやりながら徐々に小さくして、逆のやり方にしてみる。身体の中に両方の感覚があればいい。

スワイショウ（中心）の形が最終的に求めるものだが、この形だけをやっていると、単に動きが小さい、力のないものになってしまう。スワイショウ（表）と（裏）の両方の力があって、その二つが合わさったもの、という感覚が重要なので、表面の形にとらわれることなく、内面の足腰の力を体感したい。

この三つのスワイショウを通して、以下のことを確認してほしい。

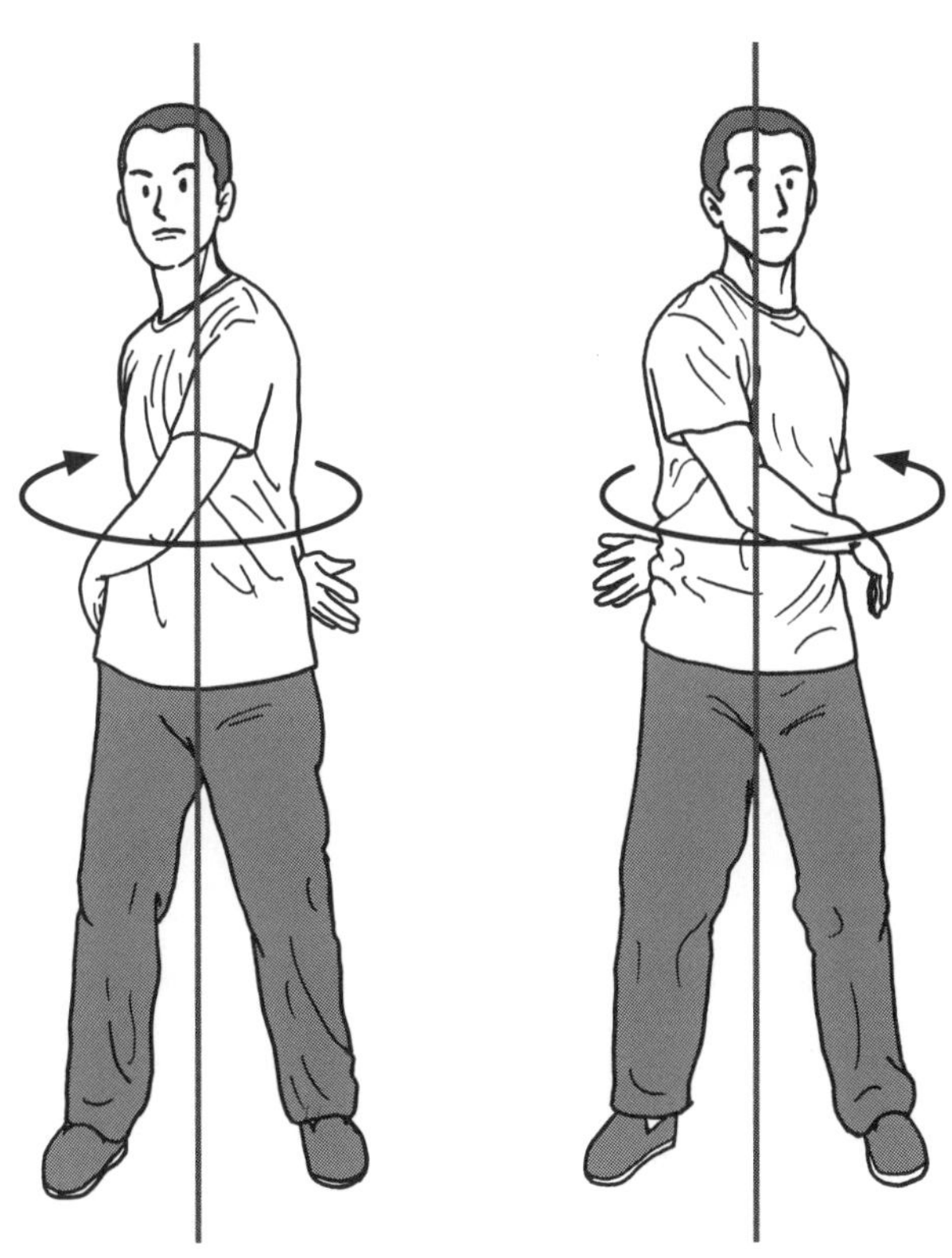

「スワイショウ（中心）」の動き。前述の表と裏、
両方の力が合わさった感覚を持つことが大切。

▼力のルート

右手の力は左足から、左手の力は右足から、と力を身体の中でクロスして出すことを意識する。

▼軸の位置

力のルートを体感すると同時に、軸の位置も感じることができる。力を出す腕と反対側に軸足がある。

▼動きと力

動くほうが力が大きい、とは限らない。これは、スワイショウ（中心）の動きが最も力が出やすいということから確認できる。強いパンチを打つためには身体を大きく動かしたくなるが、そうではないやり方もあるということだ。

打撃系の武術をしている方に改めて確認してもらいたいのだが、オーソドックスに構えたとき、左拳（前の拳）の力はどちらの足から出ているだろうか、そして軸足はどちらだろうか。同様に右拳についても確認してもらいたい。

ひょっとしたら、どちらも力を出すのは後ろ足（右足）だ、と理解しているかもしれない。だとしたら、右拳と左拳、違った身体の使い方をしていることになるのではないだろうか。

また太気拳の腕回し、「練（ねり）」のような動きでも、同様の考察ができる。

複雑な稽古よりも**シンプルな稽古を繰り返すと、人間の身体の動きの本質が見えてくる**。

太気拳の基本稽古「練」の一例。左足からは右手に力が出て、右足からは左手に力が出ることを感じる。

③
④

多くの人に頼る

トライポッド・メソッドはバランス力を高め、まっすぐに立つ力を強化する。この力の根源は重力であり、全方向にもたれることにある。全方向にもたれた結果、「もたれてもたれず」となってバランス良く、力強く自立できるのだ。

日常生活にも同じことがいえるかもしれない。人に頼ることを自分に許すのだ。「人に頼るな、迷惑をかけるな」とよく言われる。しかし人間は、いやあらゆる生物は、何かに頼らず生きてゆくことはできない。

米を食べるにも農家、運送業者、小売店など多くの人に助けられてはじめて食卓に届けられているのだ。移動するにも道路や自動車、地下鉄など、人に頼らずには職場に行くことすらできない。

高度に社会化・組織化された現代に生きる我々が目指すべきは**「人に頼らない」**ではなく、**「できるだけ多くの人に頼る」**ではないだろうか。依存する先を減らすのではなく、どんどん増やすのだ。

依存する先が少ないと、その相手がいなくなると立ちゆかなくなる。親だけに頼るニートは、親が亡くなったら大変だろう。頼られる親だって大変だ。しかしバイトをしていれば、それで何とか食える。彼女がいれば転がり込むこともできるかもしれない。友達が多ければ、誰かが職を世話してくれるかもしれない。

大手メーカーの下請け工場は、そのメーカーに頼る売上比率が高いがゆえに、大手メーカーのいいなりになってしまいがちだ。それを脱却し安定させる方法の一つとしては、販路を増やし、そのメーカーへの依存度を下げることだ。

人は迷惑をかけずに生きていくことは絶対にできない。そればかり気にすると、動けなくなる。何をするにしても必ず迷惑をかける（と思われる）相手がいるからだ。それよりも頼る相手をどんどん増やして、一人に頼る比率を下げるほうが現実的だ。

投資の世界にも「卵は一つのカゴに盛るな」という格言がある。全部の卵を一つのカゴに盛ると、そのカゴを落としたときに全部を割ってしまう。一つの投資案件に自分の資金を全て投資してしまうよりも、分散して投資するほうがリスクが少ない、ということを教えてくれる格言である。

迷惑をかけないように生きるのではなく、自分も迷惑をかけるのだから他人の迷惑に寛容になる、そう心がけるほうが自由に生きられるだろう。

そして助けてくれる人に感謝する。また自分も頼るのだから、頼られたらできる範囲で期待に応えよう。**頼るのは楽だが頼られるのは楽しい**ものだ。そうやって頼り、頼られるうちに自然と落ちつく重心が見つかってくるものだ。

第6章

武術の組手で学ぶこと

楽しむ組手、遊ぶ組手

相手を見ると相手がある。こちらを見れば相手はない。事実は比較できないものだ。本書では**主観と客観の視点から立禅の力を説明したが、これらは便宜的なもの、通過点**にすぎない。時間、記憶という概念を通さねば比較はできない。目の前のAと以前に見たBを比較するためには「想像上の」Bを持ち出すしかないからだ。

だから、**事実には矛盾がない**。右を向けば右の様子、左を向けば左の様子のみがある。「実戦」とは何だろうか。武術を学んでいると、「実戦では」「実際には」といったフレーズをしばしば聞くことになるが、私にとって**実戦とは、事実のこと**を意味する。実戦とは日々の暮らしであり、日々の稽古である。

自衛隊であれば、日々の訓練こそが実戦だ。日本は戦争を放棄しているから、ということではない。何かに備えるために今があるのではなく、今こそが全てだ。訓練をしているときは訓練こそが事実、実戦だ。

稽古をしていれば稽古しかない。組手をしていれば組手しかない（これを精神論というレイヤーでとらえると、また事実から逸れてしまう）。

武術、立禅を通して得られる最も大きな気づきとは**「事実とは何か」**ではないだろうか。突き蹴りのフォーム、筋肉の使い方、意識の置きどころ。どれも普遍的な真実はない。流派によって意見が異なるものの底に事実はあれど、表層を学ぶだけではそれは見えてこない。

武術に限らず、全ての芸術、学問、スポーツ、あらゆる人間の活動、全てに共通することが事実であり、それを得ることが私の武術修行の目的だ。そしてそれはどこかに求めるものではなく、今の自分にのみ、尋ねることができるものだ。

武術はコミュニケーションだ。相手と対峙したとき、落としどころはどこなのか、ゴールはどこなのかを自分の望むところに設定したい。**私の望む対峙の結末は、お互いを認め合い笑って握手ができる関係の構築だ。**

太気拳では試合をしない。しかし日頃の稽古の成果を試す組手を頻繁に行う。試合がないので、太気拳の組手には明確なルールがない。防具なしで寝技以外はほとんど可、という具合だ。掌打が基本だが、そのあたりもあいまいであるし、急所攻撃もくらう方が不注意だ、という雰囲気さえある。

当然このような組手をしていると怪我が多く、**全力で組手をするといっても自然とお互いの力量や状況をふまえたものになる**。以前の私は、もっと明確にルールを決め、安全性に配慮をして思いきり組手ができる試合形式を作るほうがより実戦的になると考えていた。

しかし現在はこのあいまいさが気に入っている。この**あいまいさがあるからこそ、落としどころをどこにするか、という最も重要な部分を学ぶことができる**のだ。相手の力量、相手は自分をどう思っているのか、この組手に流派のメンツは関わっているのか。いろいろな思いがお互いに交錯している。

そして私の落としどころは、お互いを認め合い、笑って握手ができる関係の構築である。同じ釜の飯を食う、という言葉があるが、一緒に食事をするのと同じくらい、組手をすると仲良くなれる。**みんな仮面ライダーごっこ、プロレスごっこが好きなの**

だ。**組手はしょせん「ごっこ」である。必要のない遊びなのだ。**

技の研究、とか実戦のシミュレーション、心の鍛錬、などといわず楽しめばいい。論語にいう「これを知る者はこれを好む者に如かず（かなわない）、これを好む者はこれを楽しむ者に如かず」だ。**一緒に楽しめば仲良くなる。**

組手をしていれば、相手が自分をやっつけてやろうと思っているのか、楽しんでいるのか、どのくらいの強さで殴ってくるのか、文字通り肌で感じることができる。それを感じながら対応するのだ。そうやって組手を楽しんでいると、もっと上達したくなって自然と研究する。

武禅会の稽古ではサンドバッグを叩いたりはしないが、会員は自主的にジム等にいってサンドバッグを叩くようなこともしている。好きになれば自主的に稽古したくなる。松は松としての美しさがあり、梅は梅で美しい。

私にとって武術を学ぶ本当の理由は、身を守ることでも自分が一層の高みに立つことでもない。ただこれをするのが楽しいのだ。そして同じことが好きな人と組手や稽古をするのが好きなのだ。

試合に勝つための組手、稽古も素晴らしい。だが「勝つ」ことがコミュニケーションの全てではない。試合のための練習は必ず「勝つ」ための練習だ。

私は武術を生業とする前にサラリーマンを経て、会社経営を経験した。商売を通してわかったのは、**「社会は勝負の世界ではない」**ということだ。物を売るには他社との勝負という視点ではなく、お客さんのニーズを知り仲良くなる、というアプローチのほうがうまくいくのだ。その結果生き残ったら、人は他社に勝った、というかもしれない。しかしそれは結果論にすぎない。

組手は楽しめばいい。遊びだと思って気楽にやればいい。そして自分も相手もできるだけ怪我をしないように、終わった後、仲良くなれるようにやればいい。それが武禅会の組手だ。

「速さ」ではなく「早さ」を得る

歳を取ると、目に見えて俊敏性や反射神経が落ちる。そこで必要になってくるのは、兆しを読む力だ。相手が動いてからの反応が「速い」のではなく、相手の動きをより「早い」段階で察知して対応するのだ。

「早さ」は反射神経ではなく、繊細さ、丁寧さ、経験に由来する。

「はやさ」とは時間と距離の関係性だ。1メートルを10秒で移動するよりも、50センチを3秒で移動するほうが「はやい」。1秒を二つに分割して認識しているのを、三つに分割して認識するには反射神経を向上させなければならない。

しかし、1センチをより細かく分割して認識するのは、反射神経のみによらない。料理人が目分量で調味料を正確に入れたり、大工が正確な長さで木を切ることができるのと同じで、経験と修練がモノをいう。

同様に、相手のちょっとした目の動きや肩の動きなどで次の行動を読む能力は、年齢と共に落ちるどころか向上していく種のものである。

例えば打撃系格闘技であれば、慣れてくると相手の「打ち気」がわかるようになる。相手の「打つぞ」、という気持ちが身体全体の雰囲気から何となくわかるようになるのだ。

具体的には肩が動いたり手を引いたり、足の位置が変わったり、ということだが、何よりも眼に現れるのだ。瞳孔が開いたり、目線が移ったり、動くときにはまず眼に変化が生じる。これらの感覚は相手を観察する力と、過去のデータの蓄積とによるところ、すなわち経験が大きく影響する。

「変化量」を正確に知覚する能力が、早さを高める要素の一つともいえるだろう。

もう一つ、「早さ」を得るために重要なことが「集中力」だ。何千ラウンドも組手をしているとわかってくるのだが、どんな人でも、組手中ずっと相手の動きに集中することはできない。必ず注意が散漫になるときがある。

例えば、まばたきをしたとき、自分の意識に空白があることがわかれば、相手にも空白があることがわかり、そこを突くことができるようになる。

30歳を過ぎたら、やみくもに反射神経に頼るのではなく、繊細さ、丁寧さを磨いてゆきたい。

攻撃も防御も区別はない

太気拳に入門した当時、それまで経験した格闘技や武道と大きく異なる点に戸惑いを感じていた。それは、稽古の中で攻撃や防御の仕方をほとんど教わらないということである。

太気拳は自由組手を稽古に取り入れているので、対人稽古でこうきたらこうする、という攻防を学びはするのだが、いわゆる一人での基本稽古で、突き、蹴り、投げなどの形が明確には示されていないのだ。

他流派の移動稽古に相当するものを、太気拳では「練」という。腕を身体の前でぐるぐると回したり、腕を前方に突き刺すような動作を、前後に歩みながら繰り返す。時折、師から「これはこのように使うことがある」と使用例を示されるのだが、それはあくまでも用法の一例であって、たまたまそう使うことがある、という程度なのだ。

日本拳法であれば、左拳の直突きは相手を打つときに使うのみ、すくい受けは相手の蹴りを受けるのみ、シンプルで明快だ。しかし太気拳の練は、同じ動きをあるときは打撃として用い、またあるときは相手を崩す組技的な動きとなり、防御技として相手の突きを捌いたりと、応用範囲が広いのだ。

その応用範囲の広さを、入門当初はわかりづらさ、あいまいさだと感じていた。しかし今は、太気拳の練は攻防の技のみを教えているものではないということがわかる。

もちろんその側面もあるのだが、それよりも大切なことは、**「力」を保持したまま動ける身体の養成**である。身体の前でぐるぐる回す腕に力があれば、それが相手の顔に当たれば攻撃となるし、攻撃してきた相手の腕に当たれば防御となるのだ。

突き、蹴り、受けの動作との大きな違いは、力が出る範囲が距離的にも時間的にも広い、ということである。通常の突き、蹴りの動きは、相手へのインパクトの瞬間に最大の力を出すことを目的としている。例えば突きを出すとき、腕を伸ばしきる前の肘を畳んだ状態で拳を押さえられると、それ以上腕を伸ばすことはできないだろう。それは、その腕に力がないからだ。ムチはインパクトの瞬間、末端部に最大の衝撃力が生まれるのであって、根元の部分にその力はない。

一方で練の動きは、いつも力が維持されていることをよしとする。これは、重い石灯籠は動いておらずとも、それにぶつかれば相当の衝撃力がある、という理屈である。石灯籠のように動いていれば、どこで押さえられても一定の力を保持して動かすことができる、という理屈だ。

もちろん、よりはやく動かねば相手に当てることができない、という問題が生じる。我々伝統武術の修行者は、このジレンマを総合格闘家、キックボクサーなどと交流することで解消していかねばならないだろう。

動きによって生じる力はいわば**能動的な力**で、これは踏み込みや腰の回転を速くする、といった工夫によって生じる。一方で太気拳の練では、**受動的な力**、つまり押されても動かないような力を同時に得ようとしている。**攻撃か防御か、というのは実は**

はっきりしないもので、防御のために突き、攻撃のために受ける、ということを誰でも自然にしているはずだ。

身体が防御をしているのであれば、心は攻撃しなければならない。そうでないと、相手が図に乗ってどんどん攻め込んでくるだろう。身体が攻撃しているのであれば、心は防御しなければならない。そうでないと、思わぬカウンターをくらってしまうだろう。有能な将軍は、攻めているときに退路を考慮し、守りにあたっては反撃を狙っているはずだ。

練では攻撃、防御など考えず、ただ力のある形をいつでも維持することを念頭において、淡々と練るのがよい。**力のある形とは、太気拳では立禅で養った心身の構造**だ。本書では、その力の一つをトライポッド・メソッドとして紹介した。

立禅で養った力を動きの中で維持し続けることが、練の第一の目的だ。これは攻撃、これは防御、と考えるとそのようにしか使えないものになってしまう。練の動きが身体に染みついたら自然に組手に活かされるので、**手に任せてしまえばいい**。

攻撃、防御、打撃技、組技、寝技。実は戦いにそんなものは存在しない。動物の闘争を見るとよくわかる。殴っているのか噛んでいるのか、逃げているのか追っているのか、**ただその瞬間に全力で向き合うだけ、シームレスなのものである。腕が、身体が勝手に動くのだ。**

思わず当たる

「無心」ということがある。組手において、作戦を立てコンビネーションを使い分けることも重要だ。しかし、何も考えずに打ったときに相手が倒れている、ということがある。むしろきれいに相手を倒すのは、このようなときのほうが多いかもしれない。

こんなとき「無心の打」を感じるが、無心なだけに再現性に乏しい。再現性に乏しいということは、単なる偶然なのだろうか。それを訓練することはできないのだろうか。

アーチェリーを練習した時期がある。武術を生業とする者としては弓道のたたずまいに魅力を感じていたが、射の姿勢などではなく純粋に的に当てることのみを目的とするアーチェリーのほうがより客観的な判断基準で心身を練ることができるのでは、とアーチェリーを選んだ。何十メートルも離れた的でミリ単位の精度を得るのは、身体感覚を研ぎ澄ます格好の訓練だ。

私のやっていたのは、コンパウンドボウという弓である。オリンピック種目のリカーブボウがいわゆるシンプルな弓であるのに対して、コンパウンドボウは上下に滑車がついており、それによって引く力を軽減させつつ、威力、精度を高めている。そのため、現代のボウハンティングでは主にこちらが使用される。映画の「ランボー」で使われていた弓というと、イメージが湧くかもしれない。

この弓は構造上、オリンピック種目の弓よりも精度が高い上に、サイト（照準器）がついている。弓を引く指にも特殊な器具をつけ、銃の引き金を引くようにその器具のボタンをクリックすると矢が放たれるため、手ブレが少なく、より一層精度が向上する。

短い期間ながら、この弓を何千射もする中で興味深い体験をした。基本を教わり何度も射つうちに、身体や手の角度、射つタイミングなどが徐々にわかってくる。そして、いろいろと工夫を凝らしはじめる。

弓についたサイトの中心に標的の中心があったときに射てば、標的の中心を射抜くことができる。そのように調整しているのだから、それは当たり前だ。だが身体は完全には静止できないので、サイトの中で標的の中心は絶えずユラユラと動いている。そこで、その揺れに合わせてサイトが中心に合う前に射つ、というような工夫を凝らすのだ。慎重に狙いを定め、ここぞというところで射つ。その繰り返しで自分のクセがわかってくる。

ある日のことだ。そうやって何度も射っているうちに、うっかり暴発させてしまったことがある。標的に向かっていつものように構えたのだが、狙いが定まらないうちに思わず射ってしまったのだ。思わず放たれてしまったので、「あっ！　ヤバイ！」とドキリとした。

矢が人に当たっての死亡事故もあるのだ。もちろん的に向かって射っているのでその心配はないのだが、手に持った包丁をうっかり地面に落としたときのあの感じだ。「あっ！」と声も出ていたかもしれない。

その矢を標的に回収にいって再び驚いた。経験したことがないくらい、ど真ん中に当たっていたのだ。**これ以上ないタイミングで、身体が勝手に矢を放っていたのだ。「自分で」射ってないので、暴発したように感じたのだ。**

この経験のあと何千射もしたが、同じことを経験したのは三度だけだ。やはり、見事なまでにど真ん中に当たるのだ。

この経験を通じ、無心ということ、身体が勝手に動くということ、そしてそれは意識をはるかに上回るものであることを実感した。

組手でも、「思わず」手が出るときには、大抵相手は倒れているものだ。これを身につけるには、「ただやる」しかないのだろう。組手において、自分の意思で相手を倒すことはできない。倒れるかどうかは相手の勝手だ。**自分ができるのは、ただ打つことだけである。**

相打ちは、基本にして極意

日頃、組手などの自由攻防をせずに技の稽古だけをしていても、絶対に組手は強くならない。理由はいくつもあるが、技をどのようなタイミングで出せばいいのか、がわからないことが大きいだろう。組手には自由に動く相手がいる。間合い（距離）とタイミング（時間）、心理的要素、これらが融合された「間」の感覚が、組手には欠かせない。約束稽古だけでは、この感覚を養うことはできない。

技を出す間合いとタイミングで、シンプルかつ効果的なのは、相打ちだ。相手がきたら、とにかく相打ちをすればいい。あえて乱暴な言い方をするが、防御はいらない（とはいえ、攻撃する反対の腕は顔を守っている）。

簡単なのは、構えた前の手でのジャブまたはストレートだ。前の手は相手に近く、またストレートは相手への最短距離を通るので、前手のジャブ、ストレートが最も速い攻撃となるからだ。

ジャブ、ストレートは構えたところから相手の顔面へまっすぐに向かうので、**自分への攻撃線をふさぎ、それ自体が防御にもなる**。この相手の攻撃線にかぶせるように打つことを、太気拳では差手（さして）という。

では、なぜ防御を最初にせず相打ちをするのかといえば、防御は相手が二の手、三の手と連続して攻撃する糸口を与えてしまうからだ。素手で顔面を打たれると、軽く目や鼻に当たるだけでも涙で目が見えなくなってしまう。**攻撃を受けたら必ずやり返す。シンプルな戦略である**。こうすれば、相手はうかつに手を出してこられなくなる。

この相打ちの稽古を続けていると、次第に相手の打つタイミングがわかってくる。相手の目や肩、身体の動きを通して感じることができるのだ。すると、**相打ちに慣れないうちは相手が打ってくる「動作」に反応していたのが、相手の打つ「気配」に反応して先に打てるようになってくる**。そして、相打ちといいながらも、自分だけが一方的に打つ形となってくる。「後の先」が、次第に「先の先」になるのだ。

しかしこれは「後の先」をとってやろう、今回は「先の先」だ、と選んでいるのではない。とにかく相打ちをやっていると、たまたま相手が打たなかったときには「先の先」のような形に、**結果としてそうなる**だけである。

もちろん組手中、全て相打ちだ、とはいかない。相手の打つタイミングによっては、こちらが打てないこともある。そんなときは退がったり、ガードしたりすればよい。

相打ちの間（距離、タイミング）と同じ間で、回避行動を取ればよいのだ。

相打ちを基本とするのは、気持ちの問題もある。防御を主体にすると気持ちまで守りに入ってしまう。それだけならいいのだが、それが恐れにまでなってしまうことがある。適切な恐れは慎重さと周到な準備につながる良いものであるが、過度な恐れは身体を萎縮させ、姿勢も引き気味になり、相手に弱気を悟られてしまう。

相打ちというと無謀だ、武術は身を守るものだ、と言われるかもしれない。その通りである。**そもそも自分よりも強い相手から何とか身を護りたい、というのが武術だ。**自分よりも弱い相手には、わざわざ武術を使う必要がない。

それならば、自分よりも強い相手の攻撃を受けきって無傷で逃げよう、という前提こそ虫が良すぎるのではないか。もちろん無傷が理想ではあるが、怪我はしても致命的なダメージを何とか避ける、という選択が現実的ではないだろうか。そのためには

「身を捨ててこそ浮かぶ瀬もあれ」の心づもりも必要であろう。

では、防御一辺倒ではやられてしまうとして、相打ちではなく積極的に前に出るという方針はどうだろうか。積極的に前に出るのは、相手が体勢を崩して退がっているときには有効だ。しかし相手が待ち構えていればカウンターをくらってしまう。

この見極めが難しいところだが、相手をよく見ていると、必ず**打つことのできないタイミングがある**。これは自分がどんなときに動くことができないか、を研究すると自ずとわかってくる。

どんな人間も、じっと動かずにいることはない。例えば、構えた腕は小さく動いているはずだ。その腕も微妙な位置があって、ここにあるときは打てるがここにあるときは打てない、というのが必ずあるものだ。他にも目線や重心の位置など、まずは自分の身体を使ってよく研究してみると、いかに打てない状態が多いかがわかってくる。

積極的に出る場合は、相手の打てない間をはかることが重要であるということだ。相打ちの場合はこれとは真逆で、まさに相手が打っているところなので矛盾すると思われるかもしれない。しかし相打ちの場合、相手は他の行動をしづらいのだ。つまり

相打ちの状況においては、相手は打っているので、防御の念は二の次になっているのだ。だから、自分から積極的に打ちにいくよりも、かえって当てることができる場合が多い。

少し余談となる。相打ちは武術の一つの到達点だが、ゲーム理論においても、同様のやり方が功を奏することが実験で明らかにされており興味深い。ゲーム理論とは、利害の対立する複数間における意思決定を分析したものだ。そのなかで囚人のジレンマという問題がある。

共犯の囚人AとBに、検事がこんな取引を提案するのだ（このときAとBは隔離されており、相談はできない）。

- **本来は二人とも懲役5年だ。しかし、二人とも自白しなければ証拠不十分で二人とも懲役2年だ。**
- **一人が自白したら、そちらは懲役はなし。もう一方は懲役10年だ。**

●二人とも自白したら、二人とも判決通り懲役5年だ。

こんな取引があった場合、二人とも黙秘すれば懲役2年で済むが、相手が自白したことを考えると、自分が自白しなければ懲役10年をくらってしまう。お互い黙秘をすれば懲役2年で済むのだが、自分のことだけを考えると自白するほうが有利なのだ。

さて、自分ならどうするだろうか。

自分が囚人役となって、このゲームを繰り返した場合、どんな戦略が有利となるのだろうか。それを実験するために、政治学者のアクセルロッドが様々な戦略を募集してコンテストを開催した。

その結果、最も成績が良かったのが、**「やられたらやりかえす」**戦略だったのだ。初回は黙秘するが、2回目以降は相手が前回やったことをするのだ。相手が自白をしたら自白、黙秘をしたら黙秘だ。第1回目のコンテストで「やられたらやりかえす」戦略が優勝したので、第2回大会はより複雑なプログラムも参加したのだが、また「やられたらやりかえす」戦略が優勝した。シンプルだが、非常に効果的な戦略だということが証明されたのだ。

余談が長くなってしまったが、確かに組手でも同じだ。**相手が攻撃してきたら、必ず攻撃を返す。逆に言えば、相手が攻撃をしてこなければこちらは攻撃をしない**。するといわゆる「お見合い」になる。

これが勝利をゴールとする「試合」であれば、最適の戦略ではないかもしれない。しかし、身を守ることをゴールとする「護身」や「武術」であれば、最適の戦略の一つであろう。組手は試合ではない。**「勝つ」ことを目標にするという暗黙のルールを破る**と、新たな見方が生まれてくるのだ。

実戦であれば、「お見合い」は最高ではないか。お互いに傷つかないのだから。

参考までに、相打ちの稽古方法を紹介しよう。お互いを直接攻撃しないので恐怖感なく、怪我の心配をせずに相打ちの経験を積むことができる。

①お互いに左前の構え（オーソドックススタイル）。パンチングミットを右手につけ、顔のすぐ横に構える。ミットが自分の顔面と想定する。
②実際の組手の間合いで立ち、Aが相手のミットを打ちにいく。
③それに合わせ、Bが相打ちをする。

パンチの間合いとは、その場で打つ距離ではなく、一歩踏み込んで打つ間合いのことだ。その場で打てる間合いで組手をすることは、まずない。その間合いはやるかやられるか、の距離であって、対峙するのはその一歩前の距離だ（実際には蹴りもあるから、それよりも半歩ほど離れているだろう）。

どちらが早く打ったのかは、ミットを打つ音で判断できる。この稽古を繰り返すと、相手が打つ気配というのが何となくわかってくる。

すると、Aが打つ前にBが「先走って」打つことがある。この稽古はAが先に打つ、という約束稽古なので間違っているかというとそうではない。それがまさに自分から打って出るタイミングなのだ。Aが打とうかどうかが逡巡しているときこそ、Bは打つ

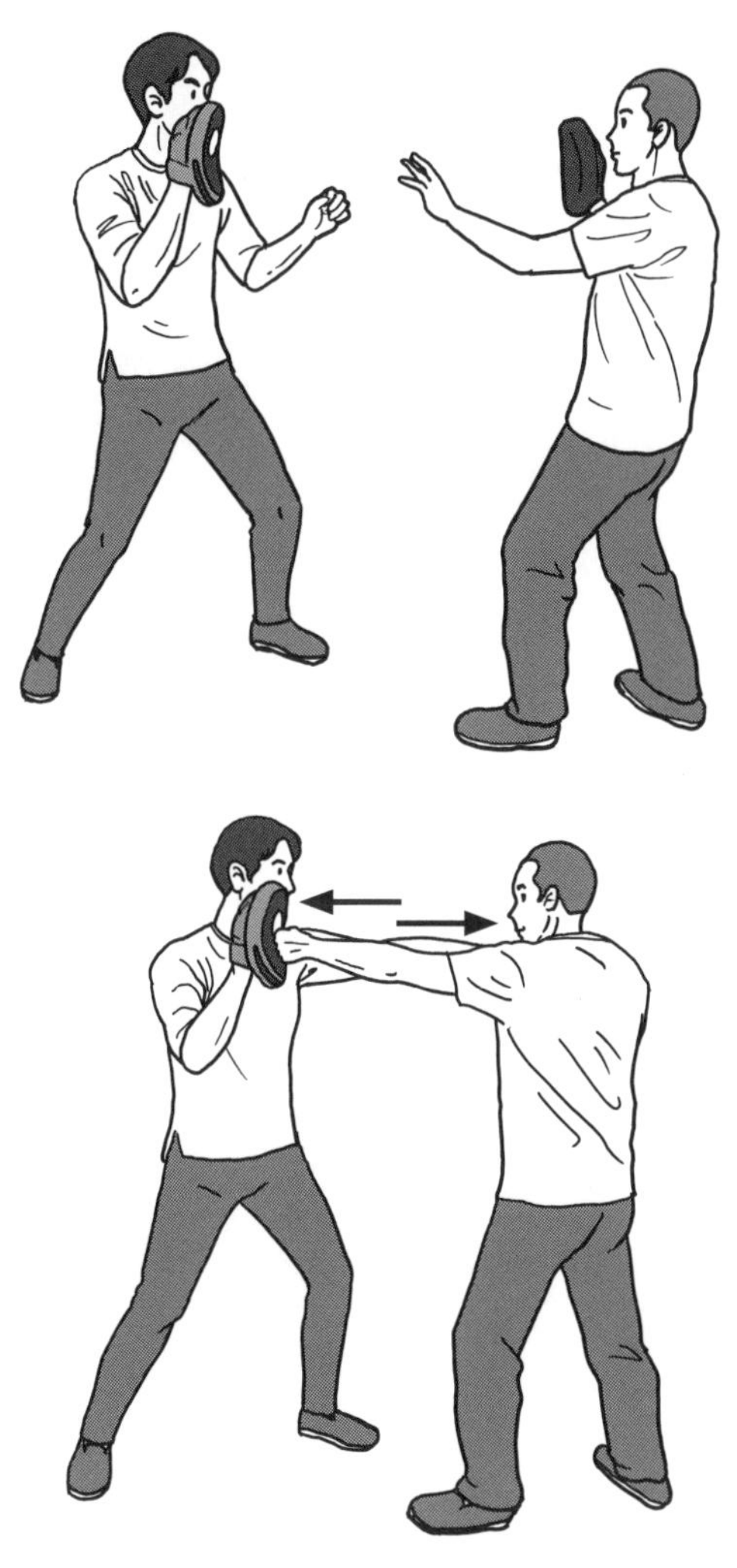

お互いにパンチングミットを顔の横に構え、相手が打ったら同時に自分も打つ。相打ちは、まさに基本にして極意！

ことができるのだ。なぜなら、このようなときはAは前に出るかどうかの判断をくだそうとしているので、下がることができないのだ。

剣術でも、呼称は様々でも相打ちを基本にして極意とする流派は多く、相打ちを研究すると組手における多くの気づきが得られることだろう。

中心を守り、攻める

自分の中心を守り、相手の中心を攻めるのが組手における基本だ。理由は二つある。

一つは、人体は正中線上に弱点が集中しているということ。眉間、鼻、人中（鼻と上唇の間）、喉、鳩尾、金的などは、軽い打撃を与えるだけで十分な効果を発揮する。

二つには、物体のバランスを崩すには、重心に対して影響を及ぼすのが効果的ということだ。

中心を守る、というと打撃系格闘技の場合は顎や正中線上に手を構え、打たれないようにするということをイメージするかもしれない。しかしここでいう「守る」は、それも含んではいるが「維持する」ということである。

中心を維持するとは、単にそこを打たれないようにということではなく、力を最大限に発揮できるバランスを維持するということだ。

中心とは正中線であり重心であり意識であり、絶えず変化するものだ。簡単に言えば、エンストした自動車を押すときに向いている方向が自分の正対する方向だ。このたとえでは中心の幅が分厚すぎてあいまいだが、これをもっと精密に、力の中心を突き詰めていく感覚だ。

その中心は絶えず変化するものであって、単に正中線上を守ればいい、ということではない。自分の正面、センターラインに対しては力が強くなる。相手が斜めを向いているところに自分が正面からぶつかると、多少の体重差は補うことができるだろう。その感覚を突き詰めてゆくと、正面同士でぶつかっているように見えても、より中心を攻めているほうが強く押せることがわかってくる。

川を流れる水をイメージしてほしい。岩に当たったとき、その岩が大きく重ければ、水は岩の周りを流れてまた合流する。岩が小さく軽ければ押し流してゆくだろう。水は「岩が大きければ避けよう、小さければ流してやろう」と考えてはいない。どんな岩にも同じように当たるだけだ。

相手が自分よりも大きければこう、小さければこう、と作戦を立てるのもよい。一方で、どんな相手にも同じやり方で立ち向かう、というやり方もあるのだ。

同じやり方といっても、現れる動きは自ずと異なってくる。大きい相手にぶつかれば水が避けるように自分が動かされ、小さい相手には自分が押し通る。水は重力に従って下流に流れていくだけだ。水の重さと高低差が流れを生んでいる。

自分の中心を保持し、相手の中心を攻める。やることはシンプルだが、そこに無限の変化がある。**人も水のように自分の重さを感じ、それに従って動きたい。**

びっくりさせずに打つ

「なかなか打撃が当たらない」と言う人がいる。瞬発力、スピードは大きなポイントだが、それだけではないだろう。いろいろな原因があるが、まとめて言えばそれは**その人の動きに相手が反応しやすい**のだ。

森を眺めているとよくわかるのだが、視界の端でリスが動いても瞬時に「あ、何かが動いた」と感じることができる。**人間の目は動くものに敏感なのだ。**木々が風で揺れていたとしても、風の動きと動物の動きは異なるので、何となく動きを感じるものだ。

そしてこの場合の**動きとは、周囲との差の変化**である。木が風で揺れていても、他の木と同じように動いていれば、それが目につくことはない。他と違う動きをするから、変化が目につくのだ。

視界の開けた交差点で、左右からの自動車に気がつかず衝突する事故がある。見通しがよく、左右からの自動車は数百メートル先からでも確認できるような交差点なのにである。

ドライバーは動いている物体に対しては反応するが、左右から来る自動車が自車と等速度の場合、見える角度が一定なので動いているように見えない。それで見落としてしまい、事故になるというのだ。**視界に入っていても、見えてはいない**のだ。

バックハンドブロー、外側にステップしてボディブローなどのように、**一瞬視界の外に出て消える、というポジショニングをできるだけ使いたい**が、これにはステップワークのスピードが必要だ。これと併せて、視界にいながらも相手にできるだけ反応させない打撃を使いたい。

それには、**ゆっくり打つ**、というのが効果的な工夫の一つだ。**反応するためには反応するきっかけが必要だ**。打撃であれば、肩や腰、拳の動きや目の動き、それらをまとめて「気（配）の動き」として人は察知しているのである。組手中は絶えず移動をしているから、肩も腰も拳も動き続けている。風にそよぐ木々と同じだ。熟練者は、その一つ一つを注視してはいない。

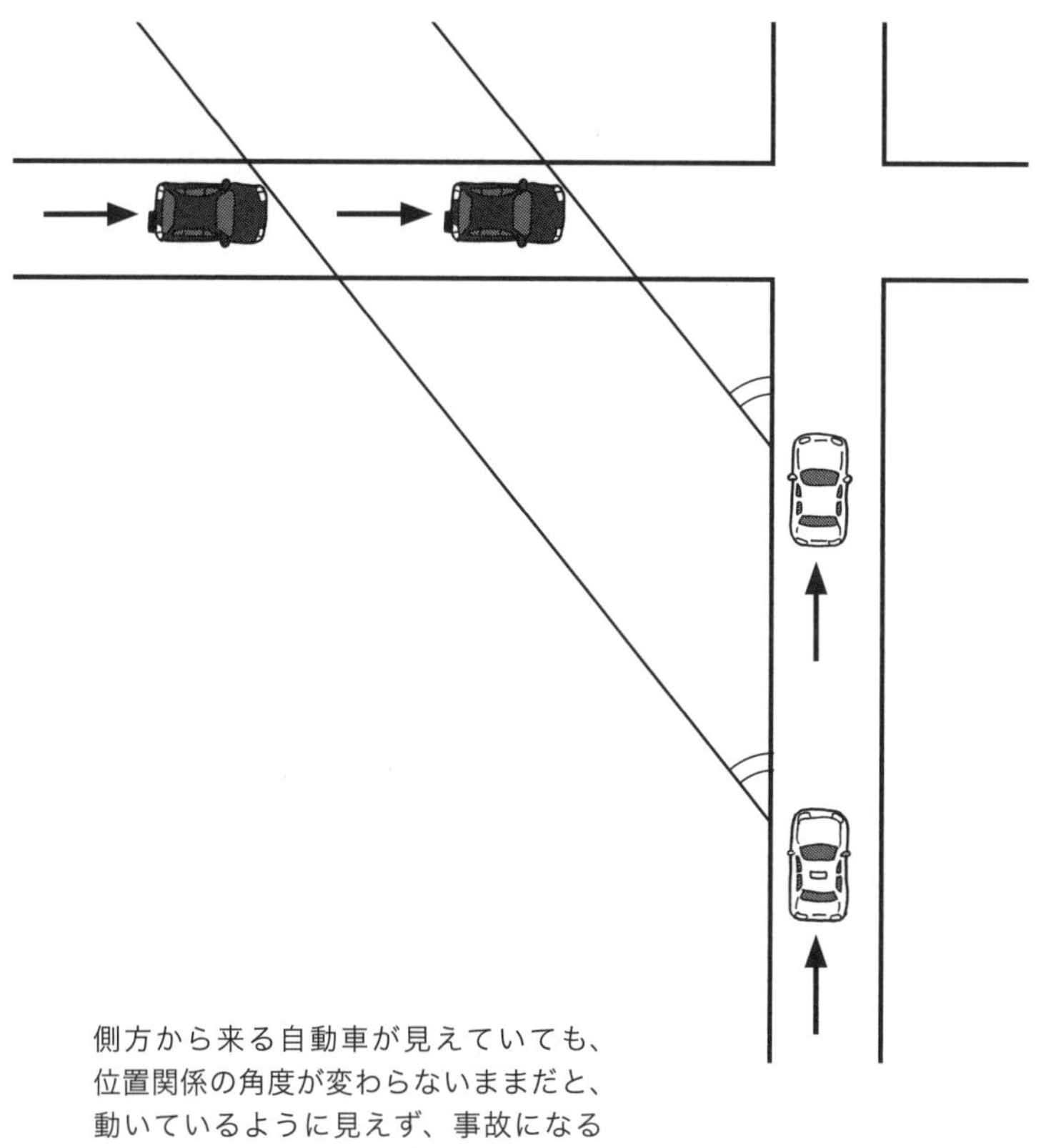

側方から来る自動車が見えていても、位置関係の角度が変わらないままだと、動いているように見えず、事故になることがある。武術やスポーツでも、相手に反応されない動きを追求したい。

そこにリスが走るように、質が異なる動きをするから反応されるのだ。だから、**打つときに動きのきっかけ、カドがないように動くと、相手は反応しづらい**。この反応の遅れを計測したことはないが、おそらく1秒に満たないごくわずかな時間だ。しかし、打撃を当てるにはこの時間のズレで十分である。

ゆっくり打つとは、このカドがない動きを表している。相手の顔を殴るというよりも、**相手の鼻についた米粒を取りにいく**、という感じだ。普段と変わらない気分でやればよい。

掛け声を出すとすれば「オリャー！」や「セイッ！」ではなく、「ホイ」という感じだ。肩や腰、目の動きなど、相手は「打ち気」を察知して反応している。**熟練者は、動きではなく気配に反応しているのだ**。

だから、「打つぞ」と思わずに打つと、ゆっくりと手を出しているのに相手の反応が遅くなっていることに気がつくことだろう。

このような打撃には正確なフォームも欠かせない。どの流派でも理想のフォームとする「型」には、無駄な気配を生じさせる動きは最小にして、最大の力を出せる形になっているはずだからだ。

肩を上げない、頭を動かさない、軸を整える、などは全て気配を消すことにも一役買っている。ボクサーのジャブを受けると、拳だけがそのまま大きくなってくるような感覚を受ける。他に無駄な動作がないから、非常に反応しづらい。**殴る、と打つは別物だ。**

この感覚がわかってくると、吹き矢のような瞬発的な打撃に加えて、打っている途中で速度や軌道を変化させられる、**ホーミングミサイルのような打撃**をレパートリーに加えることができるので、試してほしい。

おわりに

我が師、島田道男先生には多くを教えていただいた。その一つが「自分の言葉で話せ」ということだ。自分の体験、実感がない受け売りの言葉には重みも説得力もない。だから本書では、「ゴムまりの力」を「トライポッド・メソッド」という体系として紹介した。

武術の世界には、先人の遺した「掤勁（ポンケイ）」「矛盾力」「六面力」といった言葉があるが、できるだけそれらを使わないようにした。なぜなら、それらを意味するものが自分が感じているものと全く同じかどうかは、誰にもわからないからだ。

トライポッド・メソッドで体得するゴムまりの力は、特定の競技や流派にのみ通じるフォームや技術ではない。誰にでも備わっているバランスの力だ。すなわち重力を乗りこなすということだ。

身体が本来のバランスに気づけば、意識にもバランスがもたらされる。誰もが持つ力だから、それに気づくと伸ばすことができるし、どんな競技にも、普段の生活にも活かすことができる。

本書の内容は、多くの先生方の導きの賜物だ。特に、太氣至誠拳法氣功会の島田道男先生、太気会の天野敏先生、中道会の鹿志村英雄先生、太気拳意拳拳学研究会の故・佐藤聖二先生、刀禅の小用茂夫先生、流水拳の山本貢先生、そしてS禅僧ほか、多くの先生方に教えていただいたものをもとに構成した。

最後に、私を導いてくださった諸先生方、武禅会の会員の皆さま、愛する方々、株式会社BABジャパンの皆さま、そして本書を手に取っていただいた読者諸兄に心よりの御礼を申し上げます。

太氣至誠拳法武禅会　松井欧時朗

著者◎松井欧時朗 まつい おうじろう

太氣至誠拳法武禅会代表。1972年生まれ。早稲田大学日本拳法部で副将を務め、学生選手権にて技能賞等受賞。卒業後、総合格闘技を経験し、太氣至誠拳法気功会・島田道男師範に入門。散打大会優勝など受賞歴多数。現在、札幌市を中心に太気拳の普及活動を行っている。また、武術専門誌『秘伝』にて非定期連載を持ち、様々な流派の武術指導者と交流がある。

◎太氣至誠拳法武禅会
www.bu-zen.jp

本文イラスト●月山きらら
本文デザイン●澤川美代子
装丁デザイン●やなかひでゆき

重力を使う！ 立禅パワー

最強のバランス力を生む、トライポッド・メソッド

2021年1月1日　初版第1刷発行

著　者　　松井欧時朗
発行者　　東口敏郎
発行所　　株式会社 BAB ジャパン
〒151-0073 東京都渋谷区笹塚 1-30-11　4・5F
TEL　03-3469-0135　FAX　03-3469-0162
URL http://www.bab.co.jp/
E-mail　shop@bab.co.jp
郵便振替 00140-7-116767
印刷・製本　中央精版印刷株式会社

ISBN978-4-8142-0364-2 C2075

BOOK Collection

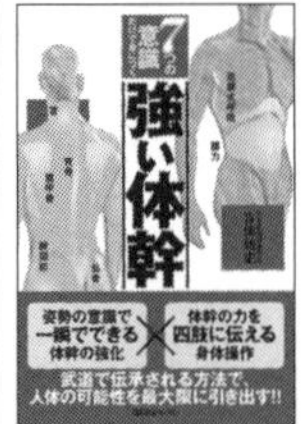

7つの意識だけで身につく **強い体幹**

『姿勢の意識で一瞬でできる体幹の強化×体幹の力を四肢に伝える身体操作』 武道で伝承される方法で、人体の可能性を最大限に引き出す! 姿勢の意識によって体幹を強くする武道で伝承される方法を紹介。姿勢の意識によって得られる体幹は、加齢で衰えない武道の達人の力を発揮します。野球、陸上、テニス、ゴルフ、水泳、空手、相撲、ダンス等すべてのスポーツに応用でき、健康な身体を維持するためにも役立ちます。

●吉田始史 著　●四六判　●184頁　●本体1,300円+税

皮絡調整術と無意識領域の運動　サムライメソッドやわらぎ **触れるだけでカラダの奥が動き出す!**

皮膚刺激によって、固まっていたカラダの奥底を動くようにする、平直行の新メソッド! 人の運動には、“意識的指令”の他に“無意識的指令”があり、後者は現代人の多くが眠らせてしまっている。そしてそれによって本来動くはずの身体部位も固まってしまっている。本書のメソッドは筋力アップでも、より良い動きを覚えていく事でもない、ただの覚醒。だから0秒で体が変わる!

●平直行 著　●四六判　●200頁　●本体1,400円+税

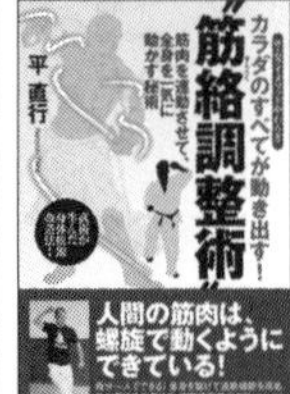

カラダのすべてが動き出す! **“筋絡調整術”**

〜筋肉を連動させて、全身を一気に動かす秘術〜

なぜ、思うように動けないのか? なぜ、慢性不調がいつまでも治らないのか? それは、現代環境が便利になりすぎたゆえに“動物本来の動き”が失われたからなのだ!! “現代人がやらなくなった動き”この本の中に、それがある! 自分一人でできる! 全身を繋げて運動機能を高め、身体不調を改善する、格闘家平直行の新メソッド!

●平直行 著　●四六判　●192頁　●本体1,400円+税

めざめよカラダ! **“骨絡調整術”**

〜骨を連動させて、体の深部を動かす秘術〜

あっという間に身体不調を改善し、機能を高める、格闘家 平直行の新メソッド。骨を連動させて体の深部を動かす秘術、武術が生んだ身体根源改造法。生活環境の変化に身体能力が劣化した現代において、古武術より導き出した「骨絡調整術」を現代人にマッチさせ、その神髄をサムライメソッドとして収めた潜在力を引き出す革命的な身体調整法です。

●平直行 著　●四六判　●180頁　●本体1,400円+税

気分爽快! **身体革命**

だれもが身体のプロフェッショナルになれる!

3つの「胴体力トレーニング〈伸ばす・縮める〉〈丸める・反る〉〈捻る〉」が身体に革命をもたらす!! ■目次:総論　身体は楽に動くもの/基礎編① 身体の動きは三つしかない/基礎編② 不快な症状はこれで解消できる/実践編　その場で効く伊藤式胴体トレーニング/応用編　毎日の生活に活かす伊藤式胴体トレーニング

●伊藤昇 著/飛龍会 編　●四六判　●216頁　●本体1,400円+税